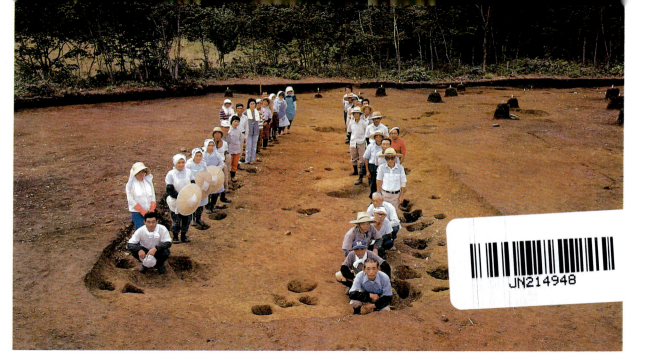

上ノ山II遺跡 縄文時代中期の大集落跡。64棟の竪穴住居のうち半数近くの29棟が10mを超える大型で，最大24mまである。伏屋式の住居で，主柱が多いのは雪国のためか。（秋田県埋蔵文化財センター提供）

縄文時代の大型住居

秋田県上ノ山II遺跡
栃木県根古谷台遺跡

富山県不動堂遺跡の大型住居の発見以来，北海道・東北・関東・北陸地方に，縄文時代前期から中期にかけての大型住居遺構の事例が増えている。桁行の長い楕円形・長方形平面が多いが，縄文早期の東京天文台構内遺跡や加曽利貝塚特殊遺構など円形平面もある。構造形式も伏屋式竪穴・壁立式竪穴・地床式掘立柱建物などがあり，各時代の建築技術の発展や集落構成を知る手掛りとなる。

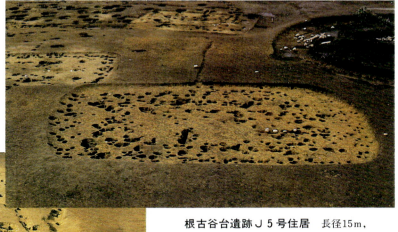

根古谷台遺跡J5号住居 長径15m，短径10mの長方形の大型壁立式竪穴住居で，同位置で建て替える竪穴住居の多いのがこの遺跡の特色である。
（宇都宮市教育委員会提供）

根古谷台遺跡長方形大型建物1・2号住居 同遺跡最大（23m×10m）の建物跡で，主柱10本は他の同種の遺構と共通し，同位置での建て替えはない。

祭祀建物と敷石住居

縄文時代の住まいの中で、太いクリの柱を用いた祭祀建物と平石を敷きつめた敷石住居は、一般的な竪穴住居に比べて異彩をはなっている。それは縄文人の木と石にこだわる文化が創り出した建築造型といえる。

石川県チカモリ遺跡杭列全景　金沢市教育委員会提供

チカモリ遺跡杭下部目途穴

構　成／宮下健司

石川県真脇遺跡巨大木柱列　能都町教育委員会提供

長野県平石遺跡敷石住居跡　望月町教育委員会提供

長野県伊勢宮遺跡敷石住居跡　山ノ内町教育委員会提供

守口市八雲遺跡玉作り工房跡
（北側から） 竪穴は一度建て替えられ，周囲には土坑が順次掘られていた。かなりの期間維持されていたらしい。弥生時代前期末〜中期初頭。

竪穴住居と生産

弥生時代の工房は，竪穴の周囲に土坑群や溝を付設したものが多い。その大半は集落内に点在しているが，時期が降るにつれて居住域の外辺部に位置するようになる。古墳時代には，機能分化した複数の竪穴によって工房群が営まれるなど，専業的な生産集落が数多く現出してくる。

　　構　成／森田克行
　　写真提供／高槻市立埋蔵文化財調査センター・大阪府教育委員会

高槻市芝生遺跡住居跡4
（東側から） 環溝をもつこの竪穴は，集落の外縁部に位置し，居住域とは大溝によって隔絶されている。弥生時代後期。

高槻市新池遺跡3号工房跡
（南側から） 日本最大の埴輪工房跡。3棟並んで検出したなかの1つ。3棟とも2本の柱を1組にした6組の主柱および2組＋2本の棟持柱で上屋を支えている。古墳時代中期。

火山灰と住居

黒井峯遺跡と中筋遺跡の発見は，単に古墳時代後期の群馬県下の地方例を示すのみでなく，縄文時代以来の集落の住居構成を再考させるものがある。通常の遺跡では検出不可能な平地式住居や道，田畑，祭祀場などには土器などの遺物を原位置にとどめている。

軽石直下の平地式家屋跡　左が庭状硬化面

群馬県子持村黒井峯遺跡

平地式建物は寄棟造り，草壁で，軒の出は短く，窓や戸口の位置も火山灰中に痕跡を残す。

写真提供／子持村教育委員会

軽石直下の竪穴住居跡　深さ140cm，周堤がある

群馬県渋川市中筋遺跡

火山灰の堆積は薄いが，平地式建物の草壁の形状や，竪穴の土屋根の形式がよくわかる。

写真提供／渋川市教育委員会

土屋根の竪穴住居跡　手前にカマドと貯蔵穴がみえる

左図拡大写真　竪穴住居の垂木が設置されたまま発見された

季刊 考古学 第32号

特集 古代の住居 —縄文から古墳へ

●口絵（カラー） 縄文時代の大型住居

祭祀建物と敷石住居

竪穴住居と生産

火山灰と住居

（モノクロ） 古代住居の復原

各地の住居跡

特殊な建築部材

住まいの考古学 ————————宮本長二郎・工楽善通 *(14)*

住まいの変遷

住まいのかたち ————————————笹森健一 *(17)*

住まいの大きさ ————————————三浦謙一 *(25)*

敷石住居・祭祀建物の構造と性格 ——————宮下健司 *(30)*

高床式建物の起源 ————————————駒形敏朗 *(36)*

住まいと生産活動 ————————————森田克行 *(40)*

住まいの民族学 ————————————————若林弘子 *(46)*

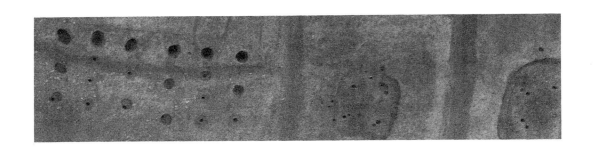

屋内施設の諸相
　炉からカマドへ―――――――――――――宮本長二郎　*(50)*
　住まいの入口―――――――――――――――小宮恒雄　*(54)*
　ベッド状遺構と屋内施設―――――――――宮本長二郎　*(58)*

各地の住居跡
　山形県押出遺跡――――――――――――――長橋　至　*(65)*
　静岡県大平遺跡――――――――――――――鈴木敏則　*(68)*
　静岡県古新田遺跡―――――――――――――柴田　稔　*(71)*
　鹿児島県王子遺跡―――――――――――――立神次郎　*(74)*

最近の発掘から
　縄文中〜後期の低湿地遺跡―福井県ユリ遺跡夏浦地区―田辺常博　*(81)*
　高地性集落と古墳群―大阪府寛弘寺遺跡―――上林史郎　*(83)*

連載講座 繩紋時代史
　6．繩紋土器の型式(1)―――――――――――林　謙作　*(85)*

講座 考古学と周辺科学 14
　水　文　学――――――――――――――――山本荘毅　*(93)*

書評――――――――――――*(97)*

論文展望―――――――――――*(100)*

報告書・会誌新刊一覧―――――*(102)*

考古学界ニュース―――――――*(104)*

表紙デザイン・カット／サンクリエイト

古代住居の復原
佐賀県吉野ケ里遺跡

吉野ケ里遺跡の復原で最も問題となったのは高床倉庫や物見櫓の4mを超える大スパンの末の支持方法と，物見櫓の高さ（棟高10m）で，異論も多いと思われる。高所での屋根葺工事や巨大な柱をどのように立てたかなど，施工面での技術の高さもうかがわれる。

環濠に沿って竪穴住居が多い

方形平面，主柱2本，寄棟屋根の竪穴住居

勾欄付き物見櫓は中国漢代の明器の例に倣う

群倉の妻側面，棟持柱は切妻屋根に必要

土塁上の柵は推定であるが，出入口の門柱跡は残る

各地の住居跡

山形県押出遺跡

縄文時代前期の低湿地性遺跡。現地表下2mから，多数の遺物とともに30数棟の住居跡を構成する4,000本以上の打ち込まれた柱が出土した。

押出遺跡最大規模の11号住居跡　柱根と根太が規則的に配される。

15号住居跡の柱根の断面　柱根は先端が加工され，直立あるいはやや傾いて打ち込まれている。

構　成／長橋　至
写真提供／山形県教育委員会

静岡県大平遺跡

建物の配置から古墳時代前期の社会構造を読みとることができる遺跡。右下が囲いをもつ建物群，左下が小型竪穴住居・掘立柱建物群，中央が大型竪穴住居・掘立柱建物群，上が倉庫群。浜松市街中心から4km西の佐鳴湖上空から西を向いて撮影。

構　成／鈴木敏則　　写真提供／浜松市博物館

静岡県古新田遺跡

遺跡の中央には主屋1棟，脇屋4棟を中心とした政祭の場があり，東には倉庫6棟，脇屋2棟を中心とした経済の場がある。両者の間には居住の場があり背後には竪穴住居群がみられ，地方の有力者の生活が復元される。

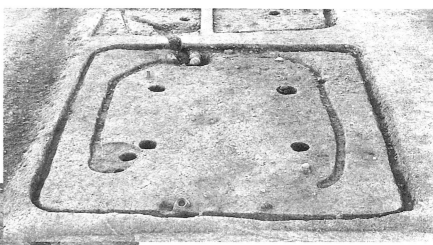

竪穴住居跡（4-1J）

庇付き建物跡（2-5H）

構成／柴田　稔　　写真提供／浅羽町教育委員会

鹿児島県王子遺跡

ベッド状張り出しをもつ住居，棟持柱付の建物などの遺構や在地の山ノ口式土器を中心に，北九州系や瀬戸内系の土器，樹皮布叩石，鉇，鍛冶滓などの出土があり，古代南九州を知る遺跡である。

構成／立神次郎　　写真提供／鹿児島県教育委員会

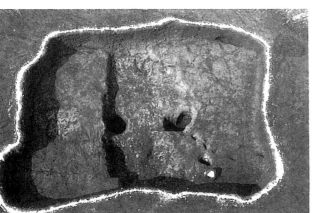

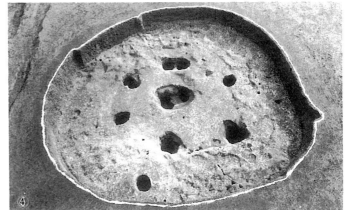

①3号住居跡（Aグループ）②7号住居跡（Aグループ）③27号住居跡（Bグループ）④9号住居跡（Cグループ）

特殊な建築部材

発掘調査によって検出された平面的な資料でしか復原できなかった建物も、唯1本の部材の発見によってかなりの精度を増すことができる。材と材を組み合せるための継手仕口はすでに縄文時代にも存在し、石器を用いて精巧な細工を施している。

北海道忍路土場遺跡（縄文時代後期）からは多量の加工木材が出土した。板材・横架材・柱材・垂木材などで、柱頭部に両角造出し、梁または桁の相欠き、柄などの仕口があり、建築形式の復原はできないが、高床式か地床式の建築部材と推定される。
写真提供／北海道埋蔵文化財センター

富山県桜町遺跡（縄文時代中期）にも板材・横架材などの建築部材が出土しているが、高床建築のものと推定される柱材の完形品の発見は改めて縄文時代の建築技術の高さを認識させる。柱中央部の貫穴は2階床の大引を受ける柄穴、2階壁の横桟を受ける桟穴、柱頭部の桁を受ける両角仕口など、忍路土場遺跡出土建築部材と共通するものがある。

季刊 考古学

特集

古代の住居 —縄文から古墳へ

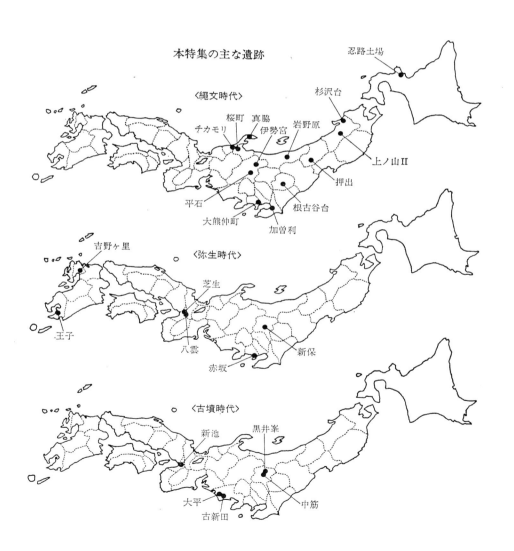

本特集の主な遺跡

特集●古代の住居―縄文から古墳へ

住まいの考古学

奈良国立文化財研究所 　宮本長二郎・工楽善通
　　　　　　　　　　　（みやもと・ながじろう）（くらく・よしゆき）

竪穴住居は古代を通して使用され続け，また掘立柱建物に変わっても木造建築が採用され続けてきたところに日本の特色がある

　わが国の文化は古来「木の文化」であるとよく言われる。旧石器時代には，一部に洞窟や岩陰を住まいとしていたところもあるが，その時代以降，古代に至るまでの数万年にわたって，竪穴住居が一般に使用され続けてきた。そして，2000年余前から稲作農耕の始まりとともに，掘立柱建物が新たに加わり，それらの上屋は形に変化があっても，ともに木造建築が採用され続けている。

1　住居事始め

　1926年，千葉県姥山貝塚が計画的に発掘調査され，この際出土した縄文時代後期の竪穴住居跡は，わが国での先史時代住居研究に先鞭をつけた。それ以来今日まで，60年余の間に，各地で各時代におよぶ種類豊富な住居跡が見出されるようになった。ここ20年余り前からは，各種国土開発の大型化にともなって，遺跡の発掘面積が飛躍的に拡大を余儀なくされ，個々の住居跡の発掘のみでなく，往時の集落そのものが発掘調査の対象となり，住居研究自体が当時の生活空間のなかで社会的な位置づけにおいて考えられるようになってきた。そのことは，昨年来大きな注目を浴びている佐賀県吉野ヶ里遺跡が端的に物語っている。

　旧石器時代の竪穴住居跡は，その例数が全国でまだごくわずかであり，建築部材の出土や，住居火災による炭化部材の遺存などがまったくないために，上屋構造の復原は想像に頼るしかない。縄文時代も早期以降には，はっきりとした掘り込みをもった竪穴で，柱穴や炉が定位置に設けられた住居が登場し，わが国での竪穴住居の工法がほぼ確立することになる。そしてまた，地面を床面とする平地式のものも，山形県押出遺跡にみられるように縄文前期にすでに認められる。ここでは床の周囲に土壁を立ち上げて側壁（高さは不明）としたものである。

2　すべては縄文時代に通じる

　いっぽう，長方形平面をもち，側壁が立ち上っていたと考えられるような掘立柱建物も，縄文時代の東日本の一部で早くも登場していたとみてよい。従来の見解では，掘立柱建物は，高床倉庫建築とともに，弥生時代になってから，稲作を始めとする他の多くの文物と一緒に，その構築技術が渡来人によってもたらされたものと考えられてきた。ところが，高床建築も，1988年に発掘調査された富山県桜町遺跡の出土部材に残された「えつり穴」や「貫穴」の加工状況から判断して，それとみてまず間違いないものと思われる。縄文時代後期である。

　5年前，中国の安志敏氏が，今から6000年余前の新石器時代に中国長江下流域に栄えた高床倉庫や漆工技法，それに，環の一部が切れた抉状耳飾などの文物が縄文時代前期にわが国にもたらされ，大いに影響を与えたと述べている。高床建築が縄文時代を通じて，その後も採用し続けられたかと言えばそうではなく，また，建築技術の一環として，木材加工のための新しい道具類の到来も認められないことから，平地住居と同系統のものとしてわが国で考案されたとみてよいだろう。木材加工のすばらしさは，北海道忍路土場遺跡の太い

柱材（後期）にも発揮されている。わが国の木造建築の基本は，縄文時代にすでにそろっていたことになる。

弥生時代に入って，先にも触れた通り，大陸・朝鮮半島との頻繁な交渉の結果，鉄製木工具の使用と，それにともなう加工技術の向上とがあいまって，とくに掘立柱建物や高床倉庫建築に大きな発展が認められる。その成果は3世紀になって，卑弥呼の「居処は宮室・楼観・城柵厳かに設け」ていたし，「祖賦を収むるに邸閣」があったという魏志倭人伝の記述がその状況を物語っている。

さらにこのような建築技法は，最近各地で発掘されることの多くなった，掘立柱建物の整った配置で構成される古墳時代の首長層の居宅へと引き継がれていっている。7～8世紀には，古墳時代の中枢部である畿内地方において，一般集落でも竪穴住居の使用は徐々に減り，掘立柱建物へと指向し，この変化は徐々に周辺地域へ及んでいく。しかし，庶民の生活空間は近世に至るまで，土間暮しであったと言ってよいだろう。

3　上部構造を推察する

遺跡を発掘調査して過去の住居を見つけても，わが国の場合，そのすべてが基底部のみで，単に土の構造物でしかない。側壁や，床面に残された柱穴や炉の位置から上部構造を復原するのは容易なことではない。このようなとき，大いに役立つのが，遺跡から出土する建築部材である。ある特定の遺構に限定できる部材が出土することは，きわめてまれであるが，遺構から離れて単体で出土しても，その寸法や仕口の状況から，建築学的な知識をもち合わせていればどの部分の建築材であるかあるていど推定でき，また，他の材とどのような組み手になるかも推定できる。出土建築部材の観察には，ぜひその分野の専門家に見てもらう必要がある。そして木材を用いて，原寸大の復製品を作っておきたいものである。

このような情報を各地・各年代にわたって多く蓄積することによって，加工技術の変遷から建築様式の変化を辿ることが可能となる。

さらにまた，先史時代の住居を考える際に大いに役立つ資料として，土器に刻まれた絵や銅鐸に鋳出された絵，および土で立体的に作りあげた家形土器や埴輪がある。土器に絵を描くことは弥生時代の後半に西日本でみられ，長方形平面とみら

れる掘立柱建物や高床倉庫の側面形が線描きされていて最も古い建築絵画である。埴輪などの造形品は，1階建か2階建か，入口や窓の位置，さらに壁構造まで表現しており，多少のデフォルメはあるものの，具体的であり，建物の機能まで示してくれる場合もある。大阪府美園古墳の高床住居の埴輪は，室内の利用法まで現わした稀な例である。
　　　　　　　　　　　　　　　　（工楽）

4　建築学からみた古代の住まい

過去の人間の営みを，遺構や遺物を通して解き明かす学問としての考古学に占める住まいの役割は大きい。日本の住まいは木造であるから時代が遡るほどに現存する遺構が少なく，中世民家が数棟残存するほかはすべて近世以後の民家である。現存民家の多くは役付きの中型・大型農家や町屋で，数の上では多数を占めていた半役以下の小型民家はほとんど残っていない。また，地方文書などにはこれらの小型民家を掘立家としている例があり，近世においても掘立柱建物がかなり多く使われていたことがわかる。建物や文書を多く残す近世でさえ，その情報を100％知ることができるわけではなく，すでに失なわれた部分も少なくないのである。

最近まで建っていた近世民家が解体されて礎石や竃の痕しか残さない状態から，その建物を元通りに復原すると，類例を参考にして比較的元に近い形にはなるが，完全な復原は不可能である。さらに，その民家が建てられた江戸時代の姿に復原することは，解体された建築部材が残されている場合には，その部材の新旧を選別し，当初材に残る痕跡から建物の改造の変遷を把握し，発掘調査により当初の平面形式を確認してはじめて可能なのである。また，建設当初に使用された家財道具などの復原には，地下に遺物としてわずかに残されているものを除いて，同時代の民俗資料に頼るほかないであろう。

このように現存する近世民家を建設当時の姿に復原する際には，建築学・考古学・文献史学・民俗学などの関連諸学の協力が必要である。考古学上の発掘調査による住まいの遺構「住居跡」を用いて，各時代の住居や集落を復原する作業には，上記の諸学は無論のこと，あらゆる分野を動員して，地下に残されたわずかな痕跡をも見逃さないことが肝要である。

15

建築史学は古代以来の現存する社寺建築や民家，あるいは文献を用いて建築様式や機能の復原・変遷を研究する学問であり，その対象とする時代は主として歴史時代の千数百年にすぎないが，住まいの歴史に関しては旧石器時代を含めて1万年以上の期間の考古資料があり，戦前からの研究史がある。

住居跡の復原的研究は，戦後間もなくの登呂遺跡の竪穴住居と高床式倉庫にはじまり，その後全国各地に建てられた数多くの復原建物のモデルにされてきた。しかし登呂遺跡以後に発見された各地の住居跡や建築部材によると，登呂遺跡の復原建物の形式は，あくまでも弥生時代後期の静岡県下の地域的特色を示すにすぎないことが明らかになりつつある。だからといって，その学術的価値をいささかも減じることはないが，各時代・各地域の建築的特性を各地の住居跡資料から読み取って復原を行なう研究はこれからの課題である。

5　建築技術の発展

このような建築的特性を最も端的に示す遺構は大型住居跡であろう。梁間の大きい建築は，棟高の高い立派な建築として，各時代の各地の拠点的な集落にみられ，その時代の最高の建築技術を駆使しているとみてよい。竪穴住居跡では，梁間（短軸）が一定で桁行（長軸）の長い大型住居が縄文時代前・中期に盛行する。これらの大型住居の短軸径は10mを超える例はほとんどなく，したがって長軸方向に同じ架構形式を繰返して大型化しているのであるが，この短軸の限界は棟を高く上げる架構技術や人力の及ぶ限界を示すものと思われる。

弥生時代・古墳時代には，竪穴住居や掘立柱建物に短軸が10mを超す例が現われ，確実に建築技術が進歩したことがうかがえる。その技術は人力以外に道具を利用してはじめて可能であり，その証拠はないが，滑車を使用していたことも充分に考えられる。

縄文時代の住居の形式には伏屋式竪穴住居，壁立式竪穴住居，壁立式地床住居の3つの形式があり，伏屋式以外は大型住居に採用されて，建築技術のみでなく，建築様式もその機能により使い分けた高度な発達を示している。壁立式竪穴住居は弥生時代・古墳時代にも引き継がれ，壁立式地床住居は弥生時代以後の掘立柱建物としてさらに多

様な発展を遂げる。

建築技術史的にみれば，毎年の新しい考古資料の発見によって，想像以上に早くから進化していたことの認識を日々新たにする状況である。とりわけ，桜町遺跡出土の高床建築の柱材の貫穴・桟穴・柱頭の両角仕口や忍路土場遺跡出土の枘や相欠き仕口をもつ建築部材は，これまでは弥生・古墳時代にも考えられなかった技法であるが，近年の各時代の建築部材の発見資料の増加により，縄文時代から近世まで徐々に改良を加えつつ継承された技法であることが明らかになりつつある。

貫や枘などの継手仕口は，中国浙江省の河姆渡遺跡（BC5000年以降）や羅家角遺跡（BC4900年前後）出土の干闌式（高床）建築部材に先例があり，日本の縄文時代中・後期の遺跡から発見されても当然といえるのであるが，縄文時代の高床式建築はその遺構の認定や機能を含めて，今後とりあげなければならない大きな課題である。

住居以外の特殊な建築である祭祀建物と工房などにも，建築技術上に大変興味深い遺構が多い。加曽利貝塚特殊遺構や東京天文台構内遺跡の例は大型建築としての構造は他の大型建築と異なった形式を示し，チカモリ遺跡では半円形断面の太い柱根が屋根を支えていたか否かの問題を含み，縄文時代の祭祀にかかわる特殊かつ多様な建築様式が想定される。

工房では古墳時代の高槻市新池遺跡の埴輪工房の2本1組の双子柱を用いた建物や，奈良時代の京都府木津町上人ヶ平遺跡の軒を連ねた瓦工房群など，同時代の建築形式に工房としての機能を重視した改造を加えた形式がみられる。

竪穴住居の屋内施設では，出入口，炉と竈，ベッド状遺構，周溝と溝状遺構，中央pitと貯蔵穴などを本号でとりあげている。竈以外は縄文時代にすべて出揃い，ベッド状遺構が縄文時代の北海道・東北地方と，弥生時代の西日本で同じ機能をもっていたかどうかの問題は残るが，高床式建築と同様に，縄文時代から弥生時代以降への生活文化の継承を探る上で，屋内諸施設は重要な位置を占めている。

本号では住まいに関する諸々の遺構の一端をとりあげているにすぎないが，現時点の考古資料を用いた住まいの研究の現状と，今後の課題について触れ，今後の調査・研究の発展に資することができれば幸いである。　　　　　　　（宮本）

特集 ● 古代の住居—縄文から古墳へ

住まいの変遷

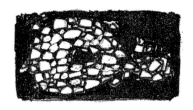

住居は時代によってどういう変遷をとげるだろうか。かたちや大きさ，特殊な住居，そして生産との関連について考えてみよう

住まいのかたち／住まいの大きさ／敷石住居・祭祀建物の構造と性格／高床式建物の起源／住まいと生産活動

住まいのかたち
——上屋復元の試み——

上福岡市立歴史民俗資料館
■ 笹森健一
（ささもり・けんいち）

竪穴住居は縄文時代から古墳時代まで5つの画期がみられ，平屋根から格子状切妻形への変遷ののち新たな住居建築に向かう

　原始・古代における住まいの主流は，竪穴式住居であった。この竪穴住居は，日本の基層文化を考える上で欠せないものであるが，使い方やかたちなど不明な点が多く，まさに竪穴住居「跡」である。近年の開発に伴って，非常に多くの竪穴住居が検出され，遺跡の保存・教育的配慮から復元が試みられているが，勢い推察が多いと言っても過言ではない。しかし石野博信氏[1]，都出比呂志氏[2]をはじめ，様々な立場から研究の進展がみられる[3]。とくに宮本長二郎氏は，建築学を基礎として膨大な資料を分析し，縄文時代から歴史時代にわたる住居復元を試みられている[4]。私も先学の見解や調査を参考にして，ささやかながら復元を試みてきた[5]ことから，本稿では関東地方の竪穴住居について述べてみたい。

1 竪穴住居の画期と変容

　塚田光氏は，縄文時代における竪穴住居の歴史的意義を縄文時代前期初頭に置いた。定形的なプランの成立とともに，明瞭な主柱穴と普遍的な炉の設置から，消費単位として竪穴住居を捉え，家族の成立を想定したのである[6]。家族成立の課題は別にしても，縄文時代早期末ないしは前期初頭

には，主柱穴と定形的プランが普遍化し，関東地方だけでなく，東北地方でも大型住居の出現など，極めて大きな画期がみられる。
　このような主柱とプランからみた竪穴住居は，出現の歴史的意義を別にし，縄文時代早期末・前期末・中期末・弥生時代と古墳時代の初頭期の5つの画期がみられ，各々の画期に出現した住居形態の緩やかな変容として，その変遷が捉えられる。また同時代の住居には，周溝や壁柱・補助柱の有無など個別の差異があるが，それ以外にも

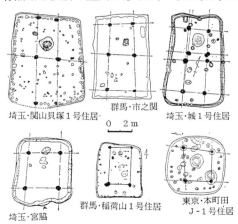

図1　第1の画期以降の住居

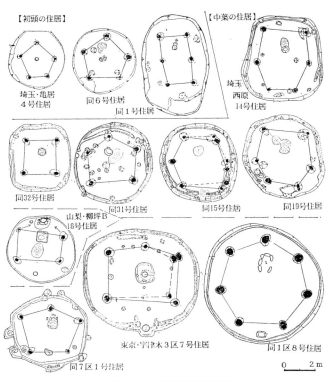

図2　第2の画期以降の住居

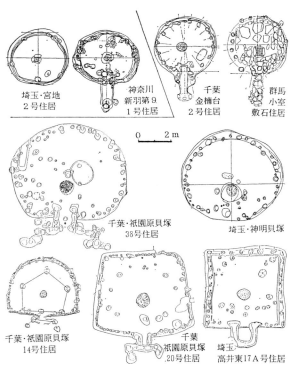

図3　第3の画期以降の住居

「定型化されない」住居も存在し，各画期をとおして一脈を辿っている。

1）第1の画期（図1）

6本主柱の成立と台形プランの定型化に規定される第1の画期は，炉の位置も一方に片寄り，住居の使用形態にも規則性が窺われ，世界観が投影されたものと思われる。それを起点として，6本主柱から4本主柱への変容過程に続き，台形から方形・逆台形・円形へと展開している。

すなわち，前期前半の住居は，6本の主柱と台形のプランに代表され，周溝や壁柱に重なった主柱が壁から内側に離れるように時代を追って変容する。この変容過程の中に前期後半に炉が住居中央に設置され，大きな変化を迎える。

2）第2の画期（図2）

前期末の住居形態は必ずしも明らかでないが，土器型式にも広範な様式が成立し，続く中期初頭には，5本主柱の住居が新たに登場する。これを第2の画期とするが，5本主柱の住居については，吉崎昌一氏[7]を嚆矢として，高橋正勝氏の指摘[8]がある。高橋氏は，北海道南部の前期終末に現われた5本主柱とベッド状の二要素を持つ「日の浜型住居」が，中期には関東地方にまで及んだものとされた。また杉山博久氏も中期勝坂式以降の5本主柱の住居を指摘[9]している。

このように，中期には4・6本主柱の住居に5本主柱の住居が加わるが，一方前期末の広域的な土器型式の圏外に興津式を生じた東関東地方には，中期前半にまで主柱配置に定型化の認められない住居形態が多く，東関東と西関東の相違を強く残している。中葉には，5本主柱の住居と4・6本主柱の住居が混在して，集落の特徴となっているが，西・東関東の地域的差異ともなっている。

中期後半には，群馬県三原田遺跡で解析されているように，主柱の数が7・8本と増加していく[10]が，おそらく5本と4・6本主柱の2種類の配置形態を基本として，5→7本，4・6→8本主柱へと2本ずつ増えたもので，5本・6本主柱の住居を，それ以降の変容過程の起点としたい。

ところが，中期も後葉末に継続的な集落が姿を消すと，埼玉県宮地遺跡2号住居[11]や神奈川県新羽第9遺跡1号住居[12]のように，直径4mほどの周溝の中に主柱が存在する次段階の住居の祖形が登場する。とくに後者は，主体部（周溝・主柱の範囲）と区別された出入口が設けられ，まさに第3の画期として捉えられるのである。

3）第3の画期（図3）

中期末には出入口・張出部の付いた柄鏡形住居・敷石住居が，広範な土器様式の成立を背景に登場する。2m前後の張出部長さと主体部半径が一致する特徴に加え，連結部の対ピットの存在や炉の先端が主体部の中心に当たるなど強い規格性が窺える。主柱本数は，依然として差異があるが，それ以上に住居形態は統一されている。

それ以降，対ピットを残しながら張出部が消滅し，主柱配列の外側に壁柱が現われて「大型化」する。さらに菅谷通保氏が詳細に分析されたように[13]，地域性を強くして，張出部の発達した敷石住居や対ピット面の直線化したD字形住居などを経過して方形に変容する。いずれの型も，対ピットなどの入口施設や入口近くに炉を設ける点などから，柄鏡形住居を起点とした変容形態であるといえる。

4）第4の画期

いわゆる縄文時代終末から弥生初期に該当する住居は明らかでなく，今後の大きな課題の一つになっている。弥生中期の住居は，縄文時代のそれとは大きく異なっている。4本の主柱配列は整然とした長方形で，隅が丸い長方形プランに特徴がある。しかも奥壁に近い所に炉が設けられている点など，前代とは異にした屋室の使われ方が窺われる。これ以降，土器型式に見られる地域性の強い纏まりと機を一にした住居形態（胴張り・円形など）が現われて変容するが，上記の隅の丸い〔長〕方形の範疇から逸脱してはいない。

5）第5の画期

古墳時代初頭には，正方形の竪穴住居が，一部を除いて全国的に成立する。前代の主柱配置を踏襲しながらも，4本の主柱配置やプランが正方形になるのに加えて，住居隅も直角になる点に，該期の特徴を強調したい。古墳時代中期以降カマドが設置され，大きな変革が存在するが，基本的構造は変わらない。やがて竪穴範囲が狭くなり，主柱配置の崩壊に伴ってカマドが壁外に付設され，竪穴住居は一部に痕跡を残して終末を迎える。

2 竪穴住居の復元

竪穴住居は，周溝や壁柱の有無などの要素を加えることによって，種々の形態を生じるが，以上のように5つの画期の初期に登場した典型から変容・展開している。各画期に現われる竪穴住居は，極めて整然とした形態である所から，一見いかようにも復元可能に思われるが，竪穴形態と主柱配置の変容は，上屋構造に規定されており，上屋構造の復元には，竪穴形態と主柱配置の二つとその変容の過程を視野に入れて検討されねばならない。

1）6本主柱の住居から

第1の画期に現われる台形住居は，和島誠一氏[14]によって束柱の使用や棟持柱の想定から切妻形の上屋構造が復元され，塚田氏[15]らの見解に受け継がれている。住居プランを考慮して，垂木の長さを一定にして棟木の片側が高くなる斜形切妻形を想定した宮本氏の見解[16]も興味深い。

しかしながら，個別住居の復元にあたって棟持柱と想定されている柱穴は，その後の住居形態の変化には必ずしも普遍的ではないし，建築技術的に高度な（歴史的な段階に出現した）束柱の存在の論証も難しいように思われる。

私見では，初源期の台形プランの住居跡では，底辺が弧状の扇状形態が多いことから，自然木の太い方を片側に揃えたために弧状となった，地表に接した片流れ風の平屋根を想定してみた（図

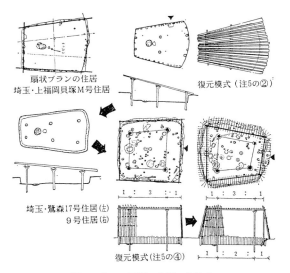

扇状プランの住居
埼玉・上福岡貝塚M号住居

復元模式（注5の②）

埼玉・鷺森17号住居（左）
9号住居（右）

復元模式（注5の④）

図4　第1の画期の住居の復元案

4)[17]。弧状から直線に変容し，さらに壁柱の中にあった主柱が内側に独立する現象は，屋根が地表から離れた段階のものとして捉えられ，それを契機として，6本から4本主柱へ変容したものと思われる。

さらに，前期中葉から4本主柱は一層歪みの著しい配列に向かうが，埼玉県鷲森遺跡でこの変化過程を次のように推察した[18]。改築行為のある住居には，当初の主柱配置とプランが対応していることから，主柱位置（配置①）に規定されてプランが決定されるが，改築によって，主柱位置を変更（配置①'）させた結果，プランに無理が生じ，次段階の新築（竪穴の掘削）には，主柱①"に近い新しいプラン（配置②）に移行するものと推察した。改築を原因として方形配列が歪み，それに導かれてプランが変容するのである（図5）。

6本→4本→「歪みのある4本」への変容は，いくつかの差異を示しながらも非常にスムーズで，基本的構造は変ってはいない。上屋構造にも顕著な変化した様相を見出せない。こうした変容の要因は，6本主柱の住居にみる住居内空間の直線的2分割から，4本主柱の同心円的分割への過渡期の変化にあろう。切妻形の想定では棟木を軸として左右対称形を保たねばならないが，該期後半には方形配置が著しく歪むことから，本稿ではその想定を採らなかった。

2) 5本主柱の住居から

さて前期末葉から炉の位置が中央にあたる同心円的な住居に移行し，中期を特色づける5本主柱の住居が，4・6本主柱の住居と共に成立するのであるが，それまでの4本主柱の住居の変化の延長では理解できない。第2の画期とする所であるが，上屋構造の復元には，論理的な根拠があるものを提出できないが，考えうる一つの形態を提示したい。

この5本の主柱の内，入口の対面にあたるピットには，祭壇状の石組遺構などが確認されており，文字どおりの主柱穴の想定に否定的な見解も多いが，ここでは，「頂上ピット」として特殊な主柱とした見解から[19]，現象的に区別された主柱として，他の4本の主柱よりも高いと仮定したい。さらに中軸に対して左右の主柱は，歪みが強いものなどが多いことや隣合う主柱間に一定の間隔が保たれていることを重視して，梁構造ではなく，「桁」構造としたい。すなわち，図6のように「頂上ピット」を棟持柱の一種として，さらに，6本主柱の住居にも同様の棟木を想定した。

この想定は，1本の長い棟木とそれより半分以下の屋根部材からなり，材木を無駄なく利用して，より多くの床面積を確保できることに構造的特徴がある。数度にわたる同心円的な拡張や新築が頻繁に同一地点で行なわれるのが該期の特徴になっているが，様々な長さの屋根部材は再利用が利き，改築・新築に当たっては，その労力は少なくなる。また，先述したように5→7本，4→6→8本と主柱を増し円形を強くし，床面積が大きくなると，棟木の重量の負担は大きくなる。床面積と「桁」構造を保ち，重量負担の大きい棟木を止めて，重量の分散化を計れば，次段階の柄鏡形

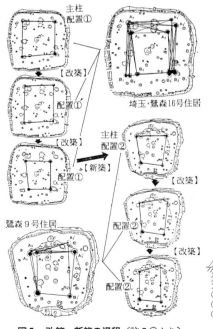

図5 改築・新築の過程（註5④より）

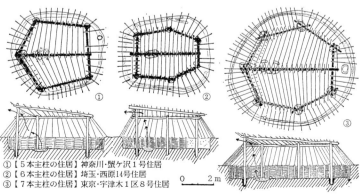

① 【5本主柱の住居】神奈川・蟹ケ沢1号住居
② 【6本主柱の住居】埼玉・西原14号住居
③ 【7本主柱の住居】東京・宇津木1区8号住居

図6 第2の画期の住居の復元案

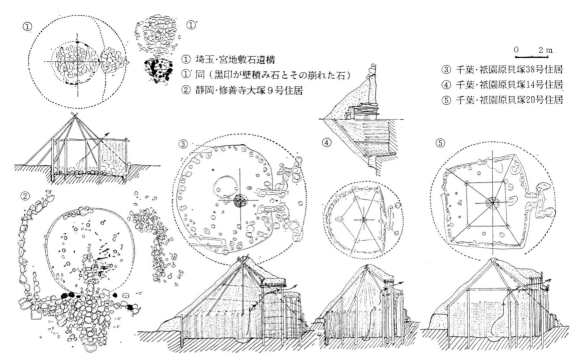

図7 第3の画期の住居復元案

住居へ変化する可能性があるからである。なお，この想定は，切妻形というよりも棟木の個所で平屋根を二つ重ねた平屋根系統となる。

3）柄鏡形住居から

2m前後の張出部長と主体部半径が一致する柄鏡形住居の強い規格性から，円錐形の構造を復元した（図7）[20]。出入口の先端は，上屋の垂木尻が地面に接する位置に当たることから，小さい主体部面積は実態ではなく，後藤守一博士の示唆していた[21]ように，炉を中心に張出部先端までを半径とする円形の範囲が居住空間と推察した。しかし主体部の壁柱・周溝は，範囲を限定するものだけに，主体部の外側は居住空間ではない可能性がある。だが，次の2点を重視したい。①敷石の存在する住居には壁柱・周溝の存在しないものが多く，代りに縁石などがある。壁柱・周溝は，空間分割のための敷石行為と同じく，主体部とその外側を区別するためのものであって，それほど高くはないと考えることができる。②柄鏡形住居の主体部は，直径4m前後で非常に狭く，それ以前の中期後半や続く後期前半の住居は直径6m以上に及ぶものが少なくない。とくに後者は先述したように柄鏡形住居から変容したものだけに無視できない。この2点から，主体部外側は内側と区別さ

れた居住空間を想定できるのではなかろうか。

埼玉県宮地遺跡の例[22]によれば，張出部右側の縁石上には壁積みが見られ，張出部内には多量の大きな石が遺されていたことから，張出部の両側には石組みの壁構造が推察される。それに続く後期前半の住居には入口にあたる一面に，垂直な外壁が成立してD字形住居となるが，その直線面は，柄鏡形住居の張出部の両側の壁構造が住居内にも造られたことによるものであろう。

さらに，張出部は「ハ」状に変化し，一系を辿るが，図7のように先端のピット位置と主体部外形は，炉を中心とした円の軌跡に乗っている特徴がある。この点から，D字形住居は柄鏡形住居と同形態の円錐形で，直線化した入口面とハ状の入口構造は，外側の土や石を充填させて土留めとして想定できる。この想定は，屋根が土で覆われていたことから必然的に導いたものであるが，稚拙な復元図を参考にして頂きたい。

逆に言えば，土覆き屋根であること，円錐形・方錐形（寄棟）であること，さらに屋根が地表に付いていること，の3つの事象は，出入口に土留め構造としてハ状の施設を必要としたのである。晩期中葉にまで，形を変えてはいるが出入口施設が存在していることから，外形の方錐形（寄棟）・

天地根源造りは変わらないのである。なお，静岡県修善寺大塚遺跡9号住居は，外側に大きな弧状の配石がみられ[23]，土覆きの流失を防ぐ石組の具体的な例として捉えたい。

該期の炉が入口近くに寄ることを記したが，復元住居からすれば，炉の位置は円〔方〕錐形をした外観の中心に当たっていることになるのである。東北地方の入口に寄る複式炉の住居も，同様な構造を想定してみる必要があり，柄鏡形住居の祖形を探る意味でも重要である。また，近年古墳時代の調査で確実となった土覆屋根は縄文後期前半，さらに東北地方の複式炉の中期の住居にまでさかのぼる可能性がある。

4）弥生時代の住居から

弥生時代には，整然とした主柱配置とプランが確立する。この現象に対し，大陸から設計技術が伝来して住居にも適応されたものとする見解がある[24]。その隅の丸い形態や主柱配列にコンパス原理が使われ，古墳時代の方形主柱配置にも応用され，尺度概念も導入されたとするのである。確かに主柱の配置やコピーしたような同一規格の住居の存在は設計技術を窺わせるが，かかる技術があまねく普及していたことになる点や左右の隅のアール形状が異なる住居が少なからず存在する所に，疑問を生じる。

かかる疑問から次のように考えてみた。長方形や正方形主柱の場合には，梁に架けた一定長の垂木を想定すれば，その垂木の接地の軌跡は隅丸や胴張りのようなプランにならざるを得ないのであって，必ずしも計測の技術を必要としない（図8）。すなわち垂木を放射状に架構した後，垂木の接地線まで掘削すれば，プランは自動的に整然となるのである。竪穴の荒掘り⇒主柱の設置⇒垂木の架構⇒竪穴周囲の整形（垂木の接地線までの掘削）の工程を辿れば，極めて規格性の強い住居を造ることが出来るからである。それを示すような以下の点を掲げておきたい[25]。

床下が掘られている「掘形」がある。床面の防湿性や防乾性に起因して作為的に造られたものとする想定が多いが，その実態の多くは床面全面に及ばず，中央部を中心

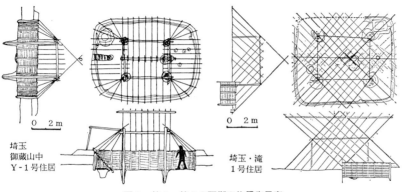

埼玉 御蔵山中 Y-1号住居　　埼玉・滝1号住居

図8　第4，第5の画期の住居復元案

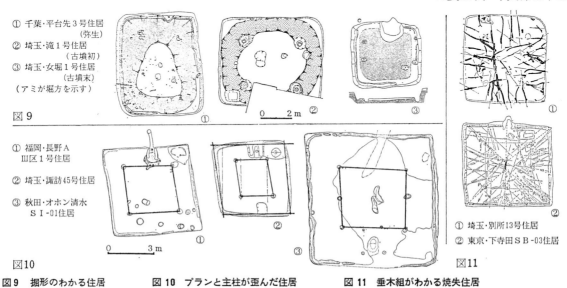

① 千葉・平台先3号住居（弥生）
② 埼玉・滝1号住居（古墳初）
③ 埼玉・女堀1号住居（古墳末）
（アミが堀方を示す）

図9

① 福岡・長野A Ⅲ区1号住居
② 埼玉・諏訪45号住居
③ 秋田・オホン清水 SI-01住居

図10

① 埼玉・別所13号住居
② 東京・下寺田SB-03住居

図11

図9　掘形のわかる住居　　図10　プランと主柱が歪んだ住居　　図11　垂木組がわかる焼失住居

にドーナツ状に施され，壁際には及んでいない（図9）。したがって，掘形と壁際の掘削は，同時に行なわれたものではなく，掘形は集中的な労働などの竪穴荒掘り，壁際の掘削は竪穴整形によっていたことが推察されるのである。

もう一つは，規格性の強い正方形を基調とした古墳時代の住居の中に，一定方向に歪んだ住居の存在から考えることが出来る。図10は，北九州[26]，関東[27]，東北地方[28]のほぼ同一時期の住居で，主柱配列と住居プランが連動して歪んでいる。このような歪みを排除するのが，計測設計と技術でなければならないが，歪みのある住居は全国に存在する。こうした現象は，主柱設置の歪みのままに，垂木の架構→垂木の接地線までの掘削の工程から生じた所に求めて説明できるのである。

5）古墳時代の住居から

さて，整然とした住居の復元を構築のプロセスから考えたが，問題は古墳時代の住居にある。歪みの住居の例に掲げたカマド普及時には，全国的に住居隅が直角になる点に大きな特徴がある。上記の構築のプロセスによる放射状垂木架構では，隅は丸みを帯びざるを得ないが，しかし，小型の住居や変容した住居も一貫して隅の角は強いのである。

その解決に格子状に垂木を組む方法を考えてみた（図8右）[29]。これによって，上記の工程を辿り，住居隅が直角となり，主柱配列と住居プランが二重に歪む二つの現象を理解したい。しかも垂木の傾斜を45度にすれば，主柱配置は正方形を保つのである。この垂木組は，主柱先端で3本の垂木を組合わせて支え，棟木中央に4本隅木（垂木）の組構造とし，さらに棟木両端を側面の中央からの2対の垂木によって固定する構造を基礎組みとして成立し，力学的にも強固なものである。この垂木の基礎組によって，その間を充たす補助垂木には様々な形態が存在したであろう。上記の格子状はその想定の一例としたい。

弥生時代以来，4本主柱は変化していないし，また住居の掘形にも変化が認められないことから，垂木架構法だけが，全く新しく変化したもので，畿内からの影響によるものと思われる。これは，家屋文鏡などから推察される天地根源造りの外形に類似している。

古墳時代の主柱穴は，大型住居にあっては，大規模なものもあるが，中規模の竪穴住居にあって

は，比較的細いものが多い。古墳時代の強固な垂木組みは，主柱の負担を低減させ，やがて垂木組みだけで上屋を構成し，主柱を用いない傾向に向かうはずである。古墳時代終末以降には，主柱が姿を消すのは周知のとおりである。その場合，地上にて片側垂木組みの2面を作成し，両サイドから起こして2面を合体させる，今で言うパネル工法に近いものであろう。

なお，該期には焼失家屋の発見例も多いが，その中に東京都下寺田遺跡[30]・埼玉県別所遺跡[31]の例（図11）がある。平行に走る垂木が判るが，別方向に組まれた痕跡があるように思われる。遺存状況は悪いが，炭化材を延長した所にも炭化破片があることから，一本に復元すれば格子状に組まれた垂木になろう。しかし火元に向って倒れ込み，逆にいえば良く燃えた個所が火元になるのだが，それと同じように火元に近い組合った垂木部材の遺存は少なくなるなど，遺存条件が一つの竪穴においても異なっている。したがって焼失家屋の検討は，絶対的規定性があるだけに，微細な小破片の炭化材も含めた検討が必要で，良好な部材だけからみた検討には注意を要する。崩壊しがちな微細な炭化材を記録する調査方法を開発する必要もあろう。

3 ま と め

住居プランと主柱配置の有機的関係を探りながら，竪穴住居を復元してきた。竪穴荒掘→主柱設置→垂木架構→竪穴の整形（垂木の接地線までの掘削）の工程を復元し，主流を占める竪穴住居には，こうした工程が一貫し，平屋根⇒変形平屋根⇒円錐形⇒方錐形（寄棟）⇒？⇒放射状破風切妻形⇒格子状破風切妻形とたどることを想定した。竪穴住居の変遷には，各時期の構造的特徴を概念化し，内在する技術的矛盾の中に要因を求める必要がある。すなわち，竪穴住居は竪穴住居に語らせねばならない。その観点から5本主柱の住居を仮定してみたが，牽強付会の恐れがなきにしもあらずである。しかし竪穴住居の形態は，独り技術的な側面だけでなく，原始・古代の世界観に対応し，社会の様相を探る手懸りも大きいと思われ，変遷模式図（図12）[32]を添えておきたい。

長い時間をかけて変遷した竪穴住居は，格子状切妻形を完成させた。梁と桁の構造を整備し，さらに弥生時代以降に床下遺構・掘形が顕著になる

ように，鉄器などの農耕
具の普及や，それに伴っ
て発達した竪穴構築の集
中的な労働に負うたもの
であろうか。さらにこれ
以後，集中的な労働をも
たらした農耕具の発達
が，疎外された労働をも
たらし，労働形態を解体
して竪穴住居を終りにし
た要因の一つになるのか
もしれない。破風切妻形

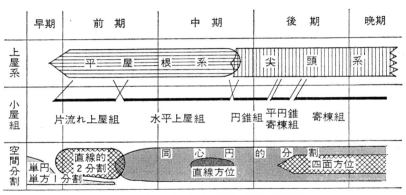

図12 関東地方西部における住居の変遷の諸関係

態を基礎にして，全く新たな住居建築に向かうの
である。住居跡はまさに跡なのであって，実態が
大きく欠落し，判らない点が数多く残されてい
る。積極的な復元の試みに期待したい。

註
1) 石野博信『日本原始・古代住居の研究』吉川弘文館，1990
2) 都出比呂志『日本農耕社会の成立過程』岩波書店，1989
3) 橋本 正「竪穴住居の分類と系譜」考古学研究，23—3，1976；山本暉久「敷石住居出現のもつ意味」古代文化，28—2・3，1976；川名広文「柄鏡形住居址の埋甕にみる象徴性」土曜考古，10，1985；田中信「住居空間分割に関する一試論」土曜考古，10，1985；向坂鋼二「伊場遺跡古墳時代集落と住居の復原」考古学叢考下巻，1988；山本輝雄「原始家屋の想像復元」古文化談叢，21，1989，など宮本長二郎「発掘遺構による住居史」建築史学，10，1988に詳しい。
4) 宮本長二郎「関東地方の縄文時代竪穴住居の変遷」文化財論叢，1983；「古代の住居と集落」『講座・日本技術の社会史』7，1983；「縄文時代の竪穴住居—北海道の場合」季刊考古学，7，1984；「縄文時代の竪穴住居—長野県」信濃，37—5，1985；「九州地方の弥生時代住居」『王子遺跡』鹿児島県教委，1985；「住居」『岩波講座日本考古学4 集落と祭祀』1986；「縄文の家と村」『古代史復元2』講談社，1988 など
5) ① 笹森健一「縄文時代住居址の一考案」情報，2・3，1977；② 「縄文前期の住居と集落ⅠⅡⅢ」土曜考古，3・4・5，1977；③「滝遺跡と住居について」埋蔵文化財の調査Ⅲ，上福岡市教委，1981；④「鷺森遺跡の調査」上福岡市教委，1987
6) 塚田 光「縄文時代の共同体」歴史教育，14—3，1966
7) 吉崎昌一「縄文文化の発展と地域性—北海道」『日本の考古学Ⅱ』河出書房，1965
8) 高橋正勝「日ノ浜型住居址」北海道考古学，10，1974
9) 杉山博久「五角形プランの竪穴住居址」小田原考古学研究会会報，No.5，1972
10) 赤山容造「竪穴住居」『縄文文化の研究8』雄山閣，1982
11) 城近憲市『宮地』狭山市教委，1972
12) 石井 寛「縄文時代後期の長方形柱穴列」調査研究集録第1冊，港北ニュータウン埋蔵文化財調査団，1976
13) 菅谷通保「竪穴住居の型式学的研究—縄文時代後・晩期の諸問題」奈和，23，1985
14) 和島誠一「原始聚落の構成」『日本歴史学講座』学生書房，1948
15) 塚田 光「方形の竪穴住居址」ミクロリス，12，1955（『縄文時代の基礎研究』所収）
16) 宮本長二郎「住生活」『日本考古学を学ぶ(2)』有斐閣，1979
17) 註5)①に同じ
18) 註5)④に同じ
19) 柿沼幹夫『出口・島之上』埼玉県教委，1977
20) 註5)①に同じ
21) 後藤守一「武蔵国羽ヶ田の敷石住居遺蹟」考古学雑誌，27—7，1937
22) 註11)に同じ
23) 小野真一ほか『修善寺大塚』修善寺町教委，1982
24) ① 椚 国男「竪穴住居の設計計画」考古学雑誌，52—4，53—2，1967；②「竪穴住居の柱穴位置」台地研究，18，1967
25) 註5)③に同じ
26) 北九州市教育文化事業団『長野A遺跡3』1987
27) 柿沼幹夫『下田・諏訪』埼玉県教委，1979
28) 澤谷 敬『オホン清水』横手市教委，1984
29) 註5)③に同じ
30) 服部敬史ほか『下寺田・要石』八王子市下寺田遺跡調査会，1975
31) 小倉 均『別所遺跡発掘調査報告書』浦和市遺跡調査会報告書12，1980
32) 註5)②に同じ

住まいの大きさ──
──大型住居跡の場合──

岩手県文化振興事業団
埋蔵文化財センター
■ 三 浦 謙 一
（みうら・けんいち）

改築・拡張が多い大型住居は床面積から識別されるが，住居群の全
床面積に対して占める割合が高いことが特性の一つともなっている

1980年代の初めに，渡辺誠[1]や中村良幸[2]が縄文時代の大型住居を取り上げたのは，東北地方北部・北陸地方を中心に大型住居の発見が相次ぎ，それ以前に調査されていた例も含めて特殊な住居ということで注目されてきた時期であった。

近年は，北海道から沖縄まで各地で大型住居の発見例が増え，同時に秋田県上ノ山Ⅱ遺跡（以下，遺跡を省略）や栃木県根古谷台などのように大型住居が密集して発見され，従来の大型住居観や集落論ではとらえきれない面がでてきている。また用語は別にしても，一般書・専門書にも，大型住居が住居論・集落論のなかで取り上げられることが多くなってきた一方，用語を始め，概念規定などの研究の混乱を指摘する見解もある[3][4]ほか。

本論では，主に床面積の検討から大型住居を考察する。具体例は地域を東北地方北部にほぼ限定し，一部他地域を取り上げ，現在のところもっとも普遍的な存在である竪穴式を中心に論を進め，平地式と考えられる長方形大型建物跡の例は取り上げないことにする。

1 属 性

住居がもつ機能のもっとも主要な点は居住のための施設であり，ここでは「ひと，もの，空間によって構成されるシステム」[5]と考えておく。

住居はさまざまな属性の類似と相違にもとづいて相互に識別され，分類される。大型住居を問題にするとき，用語や定義・指し示す内容が人によって違いがあることは当然であるものの，まずその巨大さから直感的・経験的に大型として識別することから出発し，次に固有の属性を問題にしてきたのがこれまでの一般的な認識の仕方であろう。当然のことだが，一定の基準以上の規模が設定でき，構造や機能の違いにもとづいて識別できるものを大型住居として住居群の中から抽出できるのなら異論が生まれる余地はないはずである。

住居の規模は，長軸×短軸や直径の計測値あるいは床面積で表わされることが多い。ここで床面積を用いることにしたのは，床面積が平面形に支配されないため，とりあえず平面形を論外において規模という点から大型住居を考察するうえで有効であると考えたためである。本来は上屋構造をもち，4次元的に空間を切り取って構築される建築物を「竪穴住居跡」として認識せざるをえない以上，床面積はあくまでも住居の規模をあらわす名目的なスケールである。床面積は報告書に記載があるときはそれを使用し，記載がない場合はプラニ・メーターを用いて原則的には掘形面積として算出している。

床面積を用いてある遺跡の住居の相互の識別をする場合，対象とする住居群が特定時期の一集落の様相を示す，いいかえれば同時存在が確認できる資料であることがのぞましい。しかし，集落の分析事例は土器の1型式を最小時間単位とすることが多く，資料的な制約はまぬがれえない。ここでは検証したい住居群が土器型式別にある程度の数をそろえているということで比較を保証することとしたい。

図1には，代表例としていくつかの遺跡の面積図表を示した。

図表からは，前期前葉〜後葉の上ノ山Ⅱを除いてはどの時期においても相対的に大きな面積をもつ住居が1あるいは数棟存在するパターンが共通することに気がつく。それらがこれまで大型住居として一般に報告あるいは認識されているものである。同時に，中型あるいは小型というべき群がある程度のまとまりをもって分布することも読み取ることが可能である。以下では，通常の住居といった場合には床面積からみると非大型であるという意味に用い，それら中型・小型の一群を指すことにする。

上ノ山Ⅱの場合，床面積を計測できた53棟は土器型式での細分が報告されていないため，最小4.1 m²，最大 187.8 m² の間にほぼ連続的に分布

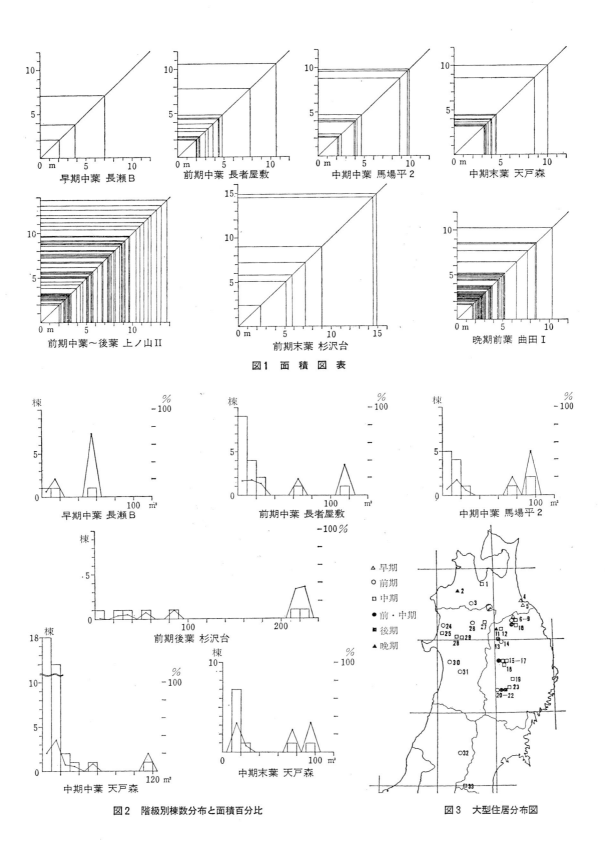

図1 面積図表

図2 階級別棟数分布と面積百分比

図3 大型住居分布図

するというあり方を示す。もちろん重複し，直接の切り合い関係を持つ住居があることから，時間的に細分すれば別なパターンを描く図表が得られる可能性がある。それでも，大型の住居が多いことが他の前期の遺跡との比較からいえるであろう。

さて，大型の一群を識別できるとしても，それぞれの絶対値ということになるとバラツキがある。早期中葉の岩手県長瀬Bのように50 m²のものと前期末葉の秋田県杉沢台の222 m²のものとでは約4.4倍の開きがあり，長瀬B例は杉沢台例の中では中型程度のものになってしまう。また最小と最大の比をとってみても，中期初頭の宮城県小梁川の1：6.5，前期末葉の岩手県長者屋敷の1：50.1というように，示す値に大きな隔たりがある。時期別では，前期中葉～末葉の上ノ山Ⅱや杉沢台晩期前葉の岩手県曲田Ⅰなどで値が大きく，早期～前期初頭の長瀬B・青森県長七谷地・岩手県中曽根Ⅱ，上述の小梁川，中期中葉の岩手県馬場平2，中期後葉～末葉の秋田県天戸森・長者屋敷などで値が小さい（表1）。ここに大型住居の属性の一つが現われている。

これまで各地の遺跡において大型住居として認識されてきたものは，床面積から識別しようとするとあくまでも相対的なものである。しかも時代を超えても同様な現象がみられることは奈良時代の岩手県膳性の例などからも知ることができる。

規模に着目すると，大型住居は，同時代または同時期の1遺跡あるいは複数の遺跡の住居群との床面積の比較において他と識別できるものであるが，その規模に絶対値を設定することはできず，あくまでも相対的なものである。そうはいっても，対象を大型とするかどうかは任意のものでないことは当然である。それは単に規模だけでは判断できない要素を含んでいるからである。

階級の幅を10 m²にとった住居数の分布と占める面積比を図2に示した。住居数が多くなるほど，分布は20 m²以下に偏在する傾向がある。平均値ではなく，中央値と最頻値に注目すると，両者の値もその傾向に合う。大型住居が住居群の総床面積に対して占める割合は，計測棟数の違いによる影響が考えられるものの，大型住居1棟で棟数が多い場合は，中期末葉の長者屋敷の9.3％（38棟中）や中期後葉の天戸森の12.1％（37棟中）がやや小さく，前期末葉の長者屋敷の43.5％（20

棟中）が大きい。棟数の少ない例では，早期中葉の長瀬Bが72.3％（3棟中），中期初頭の小梁川が70.1％（3棟中）と値が大きく，6棟が検出された馬場平2でも50.2％を占める。大型住居を複数含む場合では，早期中葉の長七谷地が41％（8棟中2棟），前期中葉の長者屋敷が53.4％（17棟中2棟），中期中葉の馬場平2が70.5％（13棟中3棟）といった例を上げることができる。このことは時代が違うものの，上述の膳性でも指摘できることで，39棟中4棟の大型住居が41.9％を占めている。また古墳時代の東京都中田の場合は27棟のうち5棟の大型住居が35.1％を占めている。

以上のように大型住居は個別の床面積が大きいだけでなく，住居群の総床面積に対して占める割合の高いことが指摘できる（表1）。それは容れ物として人あるいはものを収容できる絶対量が大きいことを反映している。名目上のスケールである床面積に示される以上に空間の広がりは大きくなるはずであり，通常の住居との容積の違いはさらに大きくなる。

床面積を考える上でもう一つ問題にしたいことがある。大型住居の特性の一つとして，改築・拡張が多いことが指摘されている[6]。大型住居として認識されるもののうち，拡張による最終的な結果であると見られる例が中期中葉の岩手県荒谷Aにある。6棟の住居が検出され，最大のIf 50住居は，少なくとも6回の拡張の結果27.5 m²から106.2 m²になったことが考えられ，最小と最大の比は1：3.9である。それとは逆の例がある。後期の岩手県八天5号住居は平地式の円形大型住居である。最初の189 m²から9回の縮小の結果，51 m²になっている。最小と最大の比は1：3.7である。同様の例は晩期前葉の曲田ⅠのGⅢ-016住居にもあり，106.7 m²から42.5 m²へと4回縮小され，最小・最大の比は1：2.5である。それらの個別住居の動きとは別に，前期中葉の長者屋敷では平面形と炉のあり方が特異な住居群があり，先に大型住居第2系列として報告したことがある[7]。炉はすべて地床炉であり，3基以上が長軸線をはさんで対になるが，奇数の場合，1基は単独で検出される。9棟は，最小が26 m²，最大が86 m²とその比は1：3.3と小さい。この例については，住居形式が床面積よりも識別属性の上位にあると認識し，すべてを大型住居としたが，そのなかでも大型・中型・小型と区分することは可

表1　遺　跡　別　一　覧　表

時　期	遺跡名	計測棟数	面　積：㎡			最小：最大	最頻値階級	大型棟数	大型面積百分比	土器型式区分	備　　考
			最小	最大	合計						
早期中葉	長　瀬B	3	4.6	50.1	69.3	1：10.9	—	1	72.3	寺の沢式類似	
後葉	長七谷地	13	7.69	65.86	309.65	1：8.6	10—19	2	41	早稲田4類と5類の間	
前期初頭	中曾根II	8	6.3	91.1	265.3	1：14.5	0—9	2	66		
中葉	長者屋敷	17	4.1	111.7	323.8	1：27.2	0—9	2	53.4	円筒下層式a・b	
〃	〃	9	26	86.3	454	1：3.3	20—29・40—49	9	100	〃	大型住居
末葉	〃	20	2.7	137.1	315.2	1：50.1	0—9	1	43.5	円筒下層式d主体	
〃	杉沢台	7	6	222	631	1：37	—	2	68.5	円筒下層式d	
中期初頭	小梁川	3	14.7	94.9	134.1	1：6.5	—	1	70.1	大木7a式	
中葉	馬場平2	13	4.37	95.61	376.28	1：21.9	0—9	3	70.5	円筒上層式d・e，大木8a式	
〃	〃	6	9.59	77.24	153.72	1：8.1	10—19	1	50.2	榎林式・大木8b式併行	
〃	天戸森	11	3.92	119.6	299.6	1：31	0—9	2	51.6	円筒上層e式	
〃	〃	38	3.96	119.99	585.71	1：30.3	0—9	1	20.5	大木8b式	
〃	荒　谷A	6	3.8	106.2	154.9	1：27.9	10—19	1	68.6	大木8b式併行期	
後葉	天戸森	37	4.84	79.76	661.53	1：16.5	0—9	1	12.1	大木9式	
末葉	〃	10	10.52	99.68	290.04	1：9.5	10—19	2	59.7	大木10式	
〃	長者屋敷	38	4.8	61.3	655.9	1：12.8	10—19	1	9.3	〃	
後期	八　天	10	51	189	935.4	1：3.7	90—99	—	—	宝ケ峰式併行～貼瘤文系	1棟9回の縮小 大型は1棟4回の縮小
晩期前葉	曲　田I	50	2.8	106.7	(856.7)	1：38.1	0—9	(5)	(41.4)	大洞B・B-C式	

能である。

この4例に共通することは最小と最大の比が小さいことである。それは最小の床面積がそれぞれ27.5㎡・51㎡・42.5㎡・26㎡と大きいためである。荒谷Aと曲田Iの場合，上述の住居を除いた最大のものはそれぞれ19.6㎡と27㎡，長者屋敷では別形式の大型住居を除いた最大のものが23.5㎡である。八天では他に住居が検出されていないため比較できないが，残る3遺跡の例は，小さいものは中型～大型の規模をもつものである。反復利用の結果が大型化するか小型化するかは別にしても，通常の住居にはみられない動きが認められることと床面積だけではとらえ切れない大型住居群が長者屋敷にはあり，最小と最大の比が非常に小さい特徴が両者に共通することを指摘しておく。

以上，いままで大型住居として報告され，認識されてきたものを床面積という側面から取り上げた。大型住居が備えている構造上の属性のうち，床面積に次いで識別属性として重要と考えられるのは平面形である。これはこれまでも指摘されているように[8]，個別に変遷をたどることができる。

東北地方北部では，早期中葉に出現した長方形あるいは長楕円形の平面形をもつ大型住居が中期後葉になってやや膨らんだ楕円形になり，長者屋敷や天戸森例のように，中期末葉には円形～楕円形に変化し，後期・晩期の円形へと続く。平面形で見た場合の大きな画期は中期後葉～末葉にあり，以降，長方形あるいは長楕円形の大型住居が通常の住居とは別に保持されることはなくなる。また，単に平面形の変化にとどまらず，複式炉の登場ということと中期末葉の時期になると通常の住居との区別が単に規模の違いになることからは住居形式を根本から変える大きな要因が働いたことが推定される。

大型住居は内部に伴う炉のあり方から認識されてきた面もある。

炉を住居内部に取り込む時期は地域差があり，時間的にもズレがある。炉を機能的にどう考えるのかという問題が生じてくるが，ここでは，炉を住居内部に取り込んだ時点で，炊事や日常的な食事の場が各戸単位で確立したと推定しておくにとどめる。1住居1炉が原則であるということはできないにしても，多くの住居がその形式を保持し

ている。大型住居として認識されてきた例は中期中葉まではほとんどの場合，複数の炉を持つという特徴がある。先に上げた長者屋敷の大型住居第2系列とした住居の炉のあり方以外は長軸線上に並ぶのが特徴である。前期末葉の杉沢台の SI 06住居の10基の地床炉，中期初頭の小梁川46号住居の5基の地床炉，中期中葉の馬場平2の2棟の石囲炉3基と地床炉1基・土器埋設炉1基と地床炉3基という例を上げるまでもなく，1住居1炉の住居とは違った形での機能を考える必要があり，大型住居の機能を考える鍵があろう。炊事・食事ということに目を向ければ，そこには1炉を基本単位とする名目上の集団が複数存在することが予想されるが，推測の域を出るものではない。

2 分　布

縄文時代の大型住居の検出遺跡を図3に時期別に示した。検出例はそれ以外にもふえているものの，東北北半部に多いことは変わりない。早期中葉の長瀬B例が古く，長七谷地，青森県売場がそれに続く。前期になると初頭とされる中曽根Ⅱ，長者屋敷はじめ中葉～末葉の遺跡が岩手県・秋田県を中心に多い。大型住居多数が密集する上ノ山Ⅱ，222m²と最大規模を持つ住居がある杉沢台，他とは異なった形式の大型住居がある長者屋敷など多様性が認められる。中期にはいると岩手・秋田両県ではほぼ連続的に末葉まで多くの遺跡が分布するのに対し，青森県では中葉，宮城県では初頭にかぎって各1遺跡が見つかっている。ただ秋田県の場合，中葉から末葉までは天戸森でしか検出されていないのに対し，岩手県では遺跡数が多いことが特徴である。また前期と中期の2時期にまたがる上里・長者屋敷・鳩岡崎・塩ガ森はすべて岩手県に分布する。後期・晩期は例が少なく，後期が竪穴住居跡ではないものの八天，晩期が青森県大森勝山・曲田Ⅰに例があるが，各1棟の検出である。

3 ま と め

縄文時代の住居を床面積ということでみると，際だって大きい，あるいは相対的に大きい住居が存在することが明らかである。本論で主に指摘したのは，大型住居は，少数の例外を除いてはまず床面積から識別されること，その場合の値は時期や地域によって絶対値を設定されるような性質の

ものではなく，あくまでも相対的な比較の中で決められること，同時に住居群の全床面積に対して占める割合の高いことが大型住居の特性の一つになるということである。もちろん，床面積は住居がもつ属性の一つにしかすぎず，大型住居ができるだけ多くの属性から分析される必要があるのは言うまでもないことである。

大型住居の機能については，最近，武藤康弘[9]が上ノ山Ⅱや杉沢台の例をあげながら複合居住家屋としての機能を推定している。同氏の引用中に，長者屋敷で大型住居第2系列としたものに似た炉配置を示す平地式の建物があることも注目される。また八天の住居構造に類似する例は秋田県大湯にあるし，千葉県加曽利貝塚で発見された大型の特殊遺構例などと併せて考えると，宮本長二郎[10]などの指摘のように祭祀建築として考えるべきものであろう。また中期後葉～末葉の複式炉を伴う大型住居の例や晩期の大森勝山・曲田Ⅰの例はそれ以前の大型住居とは別な視点からの検討が必要であろう。大型住居はそれぞれの時期の居住構造を反映した建築物の1形態としてあるのであり，その用途は一律ではないはずである。

註

1) 渡辺　誠「雪国の縄文家屋」小田原考古学会会報，9，1980
2) 中村良幸「大形住居」『縄文文化の研究』8，1982
3) 小川　望「縄文時代の『大形住居』について（その1）」東京大学文学部考古学研究室研究紀要，4，1982
4) 菅谷通保「縄文時代特殊住居論批判」東京大学考古学研究室研究紀要，6，1987
5) 石毛直道『住居空間の人類学』鹿島出版，1971
6) 註 2）に同じ
7) 三浦謙一・佐々木勝「縄文時代前・中期住居址群の変遷」岩手県埋蔵文化財センター紀要，Ⅴ，1985
8) 註 2）に同じ
9) 武藤康弘「複合居住家屋の系譜」『考古学と民族史』1989
10) 宮本長二郎「さまざまな家」『縄文人の生活と文化』1988

敷石住居・祭祀建物の構造と性格──■宮下健司

長野県埋蔵文化財センター
（みやした・けんじ）

敷石住居・祭祀建物の構造と性格を明らかにすることは，縄文人の建築に対する空間感覚や世界観を解明するための糸口になるはずである

1　敷石住居と祭祀建物

　本稿でとり上げる敷石住居は関東地方を中心に中部地方・東北地方南部という限定された地域に縄文時代の中期末から後期初頭にかけて短期間に存在する。また，大型木柱使用の祭祀建物は日本海沿岸の石川・富山県という北陸地方の後期末から晩期の中ごろにかけて，やはり短期間に存在する"縄文の建築"である。

　これらは一般的な縄文人の住まいであり，全国的な広がりをもち，のちの時代にも引き継がれる竪穴住居に比べると特殊なあり方を示し，地域や流行する時期が限定されている点や，弥生文化に継承されない点など，二者の構造は異なるものの，そのあり方には共通点も有している。

　いずれも縄文時代の後期から晩期の東日本を舞台にして展開された縄文建築であることも見のがせない。

　これらの二種の建築物はその成立過程にも共通点がみられ，普遍的な竪穴住居とどこか異なっている。いったいどんな構造や性格をもっているのだろうか。その特徴や背景をやや祭祀建物にウエイトをおいて縄文時代史の中で考察してみたい。

2　敷石住居

　後述する発見例の新しい祭祀建物に比べて，敷石住居の研究はすでに半世紀の研究の歩みがある。その研究史も山本暉久氏によって要領よくまとめられている[1]。敷石住居の性格をめぐる問題としていつも議論されてきたことは一般の竪穴住居に比べて石を敷いてあることから，住居であるか特殊建物であるかの問題であった。

　近年では村田文夫氏の特殊家屋説[2]と山本暉久氏の一般住居説[1]とが両者を代表する説となっているのが現状で，相方には見解の相違もあって，この論争には決着をみていない。

　筆者も山本氏の考えに同意する面が多いが，敷石住居のすべてを一般住居と考えるのではなく，

敷石住居の一部にはその構造面や周辺施設，あるいは場の機能などからして特殊な敷石住居も存在することを指摘しておきたい。

　その一例として長野県下高井郡山ノ内町伊勢宮遺跡をとり上げてみたい。伊勢宮遺跡のA地区には後期堀之内式期を主体とする柄鏡形敷石住居（口絵）と多角形の2軒の敷石住居があり，そのあいだには東西方向に11mの列石がゆるい弧をえがき，その東端には柱状石が倒れていた。また近接するB地区には同期の竪穴住居が存在する[3]ことからして，この列石に画された2軒の敷石住居は一般の住居というよりは集落内での特殊な意味をもちえた場と考えた方がよさそうである。

　もうひとつの例として長野県北佐久郡望月町平石遺跡においては後期前半の敷石住居2軒と石棺墓が検出された。このうちの16号住居址と呼ばれた柄鏡形敷石住居は，張り出し部分がとくに発達して河原石を小口積み様に5〜6段積み上げた特異なもので，しかも主体部との間には境界を画するような石の配置がみられた[4]。この張り出し部を従来のように住居への単なる出入口と考えるには高さが100cmの段差があって人の出入りには不便である。むしろ，この張り出し部こそがこの敷石住居の居住空間の中で特殊な意味をもちえたと考えた方がよさそうである。

　ここでもうひとつ注目されるのはこの時期に石を横積みにする石組技術が存在したことである。同様な石積技法は同期の長野市宮崎遺跡の石棺墓でも確認されている[5]。

3　敷石住居から敷石遺構へ

　長崎元広氏は敷石住居は「屋内祭式のための特殊住居の発達した形である」[6]としたが，その特殊な敷石住居の性格は敷石住居流行の終末期の加曽利B式期になると神奈川県下を中心に，周縁を方形に小礫で囲み，炉を有する「環礫方形配石遺構」[7]を生み出し，敷石住居はつくられなくなる。

　その反面，ひたすら石にこだわって大量の石を

材料とした石棺墓や配石遺構はその後も活発に造営されていく。その頂点に位置するのは山梨県北巨摩郡大泉村金生遺跡で発掘された“縄文の神殿”とさえいわれた巨大な配石遺構である。

この配石遺構は縄文晩期前半に築造され，南西傾斜の幅広い尾根を直角方向に区切るように大きな板状の石を3〜4列石垣状に土中にさしこみ，その上と下の段に石を集めて円形や方形の配石遺構をかたちづくっていた。これらの集石や石組み中には石棺墓がつくられたり，中央に石棒や立石，丸石を伴っていた。さらに中央東側には階段状の遺構がつくられて「祭壇」のような構造を呈していた[8]。

このような巨大な配石遺構は敷石住居や小さな配石遺構のようにひとつのムラのムラ人の協力でなしえるはずはなく，八ヶ岳山麓にムラを営んだ多くのムラムラの協力のもとにつくられた祭祀の場であったに違いない。

4 巨大木柱の発見

昭和55年(1980)は縄文時代の建築史研究に記念すべき年となった。北陸の石川県金沢市新保本町チカモリ遺跡の発掘でクリ材を主体とする347本の林立する巨大木柱が発見されて，関係者を驚かせた。チカモリ遺跡は，金沢市の西南部郊外，手取川扇状地の北端に位置する縄文後期から晩期にかけての遺跡である。

木柱は土の中に埋まっていた柱根のみを残し，長さは30〜60cmをはかり，太さは88.6cmを最大に20〜40cmの太さが多数を占めた。木柱の70％は縦に半分に断ち割ったもので，断面がカマボコ形のもの250本，U字形になった樋状のもの52本で，加工しない円形はわずかに45本であった。

木柱の底面は磨製石斧で平坦に調整され，さらに下部に横溝を1条彫りこんだり，縦溝を3条加えたものや小さな目途穴をあけた例もみられた。木柱には，柱を立ち上げる際に下に敷いた礎板も発掘された。

さらにクリの木柱を遺跡に持ちこんだ姿をとどめるものでは，搬出用に藤蔓が巻かれた状態で出土した例もみられた。

さてこれらの木柱のうち，径40cmぐらいの竪穴住居用を除いた50cm以上の23本の木柱は集落の中央広場付近に8基の円環を描いて建てられて

いたために「環状列木」と呼称された。

円環の直径は5.6〜8mをはかり，ひとつの円環には8〜10本の柱が等間隔に建てられ，半截の柱根の弧面はいずれも円の中心を向き，南側には樋状になった木柱を円環の外側に弧面を向き合わせ，あたかも出入口を示すかのように配置されていた。チカモリ遺跡ではこのほかに方形や長方形の区画上に木柱を建てた例も発掘されている[9]。

チカモリ遺跡の木柱発見の興奮がさめやらない2年後の昭和57年(1982)，同じ石川県の能登半島先端の鳳至郡能都町の真脇遺跡で同様な建物が3基発掘されたのである。遺跡は真脇湾の海岸から300mほど入った標高10m前後の沖積地に立地していた。

木柱の出土した時期は縄文晩期中葉で，現存長は80cm，太さは最大96cmをはかった。これらの木柱は直径7.5mの円上に1.1〜1.8m間隔に並べられ，全周では10本で構成されると予測された。

いずれもクリを半截した材の弧を円の内側に向けて建て，南側にはチカモリ遺跡と同じ出入口を設けていた。また，個々の木柱には目途穴や礎板工法もみられた[10]。

チカモリ・真脇遺跡の木柱発見が契機となって既発掘遺跡の再検討がおこなわれた結果，新潟県西頸城郡青海町寺地遺跡では昭和43年(1968)に直径70cmの丸柱や半截の柱根が配石遺構に接した北側に，木柱群をかたちづくっていたことが判明した[11]。

さらに，昭和53年(1978)に発掘された富山県東砺波郡井口村の井口遺跡では後期末から晩期の直径100cm，深さ70cm近い大きな柱穴が集落の中央広場から20個発掘され，直径4〜7mの建物が4回立て替えられ，南西方向に2本の柱による出入口も設けられていた[12]。

こうした大きな柱穴をもつ遺跡はチカモリ遺跡の近く金沢市中屋遺跡，石川県石川郡野々市町御経塚遺跡[13]（晩期前半），同鳥越村下吉谷遺跡（晩期前半），富山市吉沢A遺跡（晩期終末）などでも発見されている[14]。

これらの遺跡の分布はいずれも日本海岸の石川県，富山県，新潟県西部というきわめて限定された地域に分布していることも特筆される。そしてこの北陸から東北地方にかけては富山県不動堂遺跡を初出とする大型住居が分布する地域であるこ

とも興味深い。

5 クリを選んだ縄文人

　チカモリ，真脇両遺跡の巨大木柱はいずれもクリ材であった。また，真脇の 96 cm，チカモリの88.6 cm と 347 本というデーターが示すように，太いクリの木が大量に沖積地に近い里山に存在したことを証明したともいえる。

　また，木柱下部の目途穴や，横や縦方向に彫られた溝は藤蔓を緊縛するための精巧な細工から，里山から運び出した様子を彷彿とさせる。その重さは直径 90 cm，長さ 3 m で 1 トンに達するという[14)]から 1 本に20人の人がつかなければ山からの搬出は不可能であり，仮に 347 本を単純計算すれば延 6,940 人の人がチカモリ遺跡のクリ材運搬にかかわったことになる。

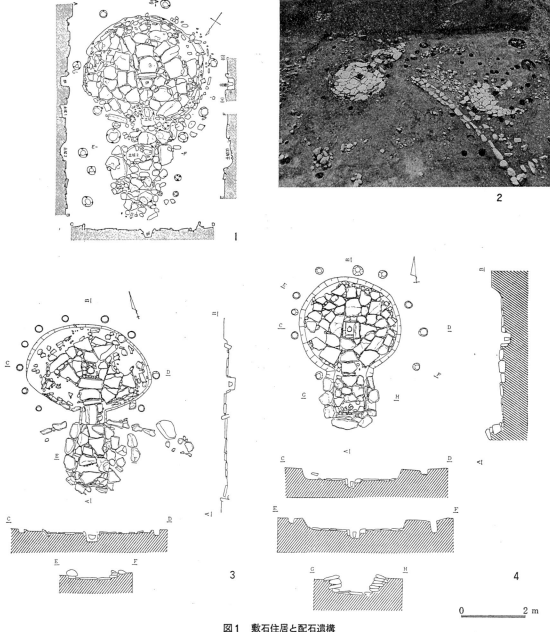

図1　敷石住居と配石遺構
（1 伊勢宮遺跡の 1 号敷石住居，2 同敷石住居と配石遺構，3 平石遺跡の 15 号敷石住居，4 同 16 号敷石住居）

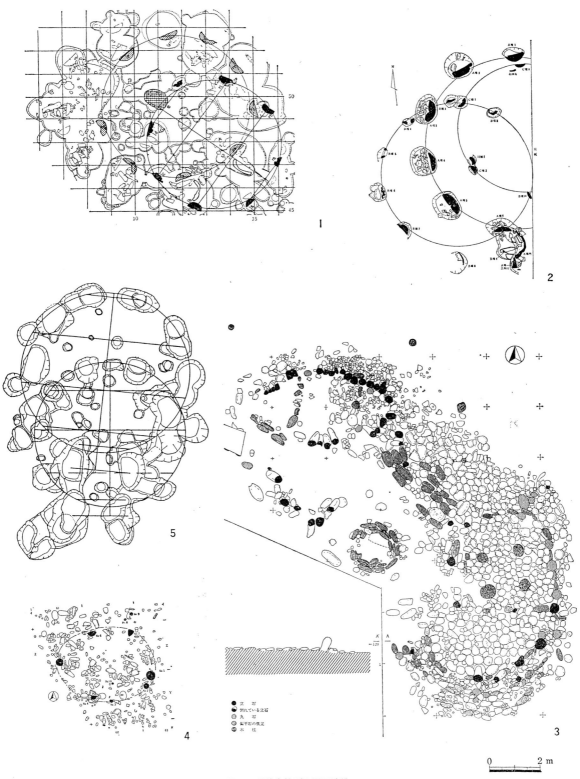

図2 環状木柱列と配石遺構
（1 チカモリ遺跡の環状木柱列，2 真脇遺跡の環状木柱列，3 寺地遺跡の環状木柱列と配石遺構，4 同環状木柱列，5 井口遺跡の環状木柱列）

このことから，チカモリや真脇遺跡の木柱の建物には，クリの大木の選択，切り出し，半截整形，緊縛細工，運搬，柱立てにはかなりの人が必要とされ，とうていひとつのムラが総出でかかわったとしても不可能で，近隣のいくつかのムラの共同作業であったに違いない。

この参考例として諏訪の御柱祭（おんばしら）にかかわった人と比較すると，昭和31年の諏訪大社御柱大祭で春宮三の柱1本（13.6×0.8m）の山出しに加わった人員は8部落から800人だったという[15]から，想像を絶する人の力がなければ347本のクリ材は建物にはならなかったのである。

さて，クリは縄文時代以来，堅果類のなかでは最も重要な地位を占め，奈良・平安時代には五穀とともに常食した地方もあるほどである。

また日本の古い栽培の歴史を有するのは同じ日本海岸の丹波地方であることも興味深い。さらに，クリは風土に適応性の広い果樹で，年平均気温10〜14℃，年最低気温−20℃を下らない地方であれば栽培可能であるといわれ，寒さに強い植物でもある[16]。そして，クリは標高1,000m以上の冷温帯落葉樹林のブナ帯の下部に位置する暖温帯落葉樹林のクリ帯に繁茂する。

クリ帯の植物にはクリ，クルミ，トチ，ドングリなどの堅果類，ワラビ，クズ，カタクリ，キノコ類も豊富であり，シカ，イノシシ，ツキノワグマもクリ帯を代表する動物である。つまり，縄文人の狩猟や植物採集などの生活の舞台となった森はクリが多量に繁茂するクリ帯の森であったのである[17]。

さらに，クリは明るい開けた場所を好む性質があり，人的影響を強く受けて成立した環境に育った植物であることから，縄文時代にクリの「栽培」の可能性を指摘する声もある。つまり「利用価値の高い植物はなるべく切らないように選択的に伐採されると，利用価値の高い植物の密度はさらに高くなる」のである[18]。このように理解するとクリ材の大量伐採の背景が理解できそうである。

いずれにしろ，クリの木は縄文人にとって，第一に大切な食源であると同時に，堅く腐りにくい建築材であったゆえに，特別視される木であったことには違いない。そういう特別な木であるために，クリの木を神の宿る木と考えたとしてもあながち不自然ではない。

6　祭祀建物の性格

さて，チカモリ，真脇の巨大木柱列はクリ材を選び，半截，10本の柱，円形（求心性），出入口をもち，何度も建て替え，しかも炉をもたないという共通点をもっている。とくに円は人が集まって話し合ったりする場合にごく自然にできる形で，円い形は皆が同じ距離で向かいあうことができ，人の数によって大きくしたり，小さくしたりする変化も自由自在で，円は集団に対して最も理想的な形といえる。

その性格を報告書でみると，チカモリ遺跡は集落のすべての独身者が住む若者宿としての「男子集会所」[9]，真脇遺跡では木柱列で囲まれた空間は非日常的な空間で，共同体の紐帯を固めてムラの繁栄と除災を願った祭祀の場であるとしている[10]。さらに寺地遺跡においては葬送祭祀儀礼と深い関連を有する遺構と考えられている[11]。

ほかに，有床で20〜30畳の広さをもち，屋根を備えた4〜5mの高さをもつ宗教的建物とする考え[19]や諏訪神社の御柱の原型で祖霊祭祀の依り代であったとする説[20]，食料貯蔵庫説[14]もある。

いずれにしても集落の中心部分に位置して，いくつかのムラムラの縄文人が共同で利用するハレの祭祀の場と考えるのが妥当であり，あえて祭祀建物と呼んでもよいのかも知れない。

7　住居から祭祀施設へ

以上，敷石住居と祭祀建物の構造や性格について述べてきたが，最後にこの二つの施設が縄文時代史の中に存在する歴史的意義と，それが生み出された自然的，宗教的，技術・経済的な背景について触れておきたい。

敷石住居は一般の竪穴住居から屋内祭祀をとりおこなう特殊住居から発展した住居様式であるために，その一部には常に祭祀機能を内包していた。それが個人レベルの祭祀から多く集団の連帯意識で共有された信仰・儀礼の場として金生遺跡のような巨大な石を用いた祭祀遺構を生み出すに至るのである。

技術的には縄文中期末〜後期にかけての敷石住居構築における石敷，石組み技術や経験が土台となって石組みによる石棺墓あるいは巨大な階段や祭壇の構築を可能にさせたのである。ここにみる技術史の流れは縄文人の石に対するこだわりを具

現化した縄文の石工，石組み技術の変遷の過程でもある。

これに対して，祭祀建物の前身としては「集会所」，「祭祀場所」，「雪国の共同作業所」などの諸説がある大型住居[21]の存在を忘れることはできない。

個人の利用ではなく多くの集団の共有空間として太い柱を伐採，加工して，大型の住居を建てるという経験なくしてチカモリや真脇遺跡の祭祀建物を構築する技術は生まれはしなかったのである。また，礎板や木の半截技術も新しい祭祀施設を構築するために開発された技術であった。この技術史の流れは縄文時代の木材伐採，運搬，加工を含めた建築技術の変遷である。この建築技術の背後には砥石と研磨技術による伐採，加工具としての磨製石斧の存在があった[22]。さらに，この祭祀建物の存在する北陸地方は，良質な蛇紋岩を素材とする磨製石斧が発達した地域であることも意義深い。

こうした石と木を素材とする住居から祭祀施設へという技術史の変遷が東日本の縄文後期から晩期の限定された時間のなかで展開された要因はいったい何であったのだろうか。縄文後・晩期が冷涼化にむかった時期であることはすでに多くの研究者によって指摘され，なかば周知の事実となっている。

藤則雄氏の研究によると，この時期には年平均気温が約2度下がった状態で，わかりやすくいうと冷夏といわれ海水浴ができない気候で，冬は1〜2mの雪が積もり，積雪時期も平均気温の低下によって今より2カ月も長くなり，1年の半分が雪にとざされた状態であったという[19]。これが後・晩期という長いタイムスケールの中で日常化していたのである。

こうした自然環境の中では当然生活環境も悪化し，何をおいても食物を食べ，暖をとり，生きながらえることが最優先となったはずである。自然の変化に具体的に対抗する手段をもたなかった後・晩期の縄文人たちができたのは，祈り，呪術や儀礼をとりおこない，あるいは祭りをおこなうことであった。それは自然の猛威のもとでは個人の段階を脱して，共通の願いをもつ多くの人々によって支えられていた。

そのために縄文後・晩期になると呪具や祭場がそれ以前に比べて極度に発達をとげる時期とな

る。呪具では石自体が超自然的で呪術的な要素をもっている上に，研磨することによって自然からは得られない曲線を強調した抽象形や光沢，肌ざわりといった美的効果の加わった石棒，石刀，石剣，石冠，独鈷石，御物石器といった"第二の道具"を生み出し，危機を克服する儀器としてのシンボル化を決定づけ，精神の支えとなった[22]。

祭場は，神の宿る巨岩や巨木を材料にして構築することによってはじめて祭りの場としての舞台装置ができあがったのかもしれない。この祭祀施設は規模が大きいために，ひとつの集団やムラの領域をこえて，信仰，儀礼，祭りという共通の宗教意識で強く結束していたために，共同作業を可能にさせたのである。

註
1) 山本暉久「敷石住居出現のもつ意味」古代文化，28—2・3，1976，同「敷石住居」『縄文文化の研究』8，1982
2) 村田文夫「柄鏡形住居址考」古代文化，27—11，1975
3) 山ノ内町教育委員会『伊勢宮』1981
4) 望月町教育委員会『平石遺跡』1989
5) 長野市教育委員会『宮崎遺跡』1988
6) 長崎元広「八ヶ岳西南麓の縄文中期集落における共同祭式のありかたとその意義」信濃，22—4，1973
7) 鈴木保彦「環礫方形配石遺構の研究」考古学雑誌，62—1，1976
8) 萩原三雄・末木　健『山梨の考古学』1983
9) 金沢市教育委員会『金沢市新保本町チカモリ遺跡—遺構編』1983
10) 能都町教育委員会『真脇遺跡』1986
11) 青海町『史跡寺地遺跡』1987
12) 井口村教育委員会『富山県井口村井口遺跡発掘調査概要』1980
13) 野々市町教育委員会『野々市町御経塚遺跡』1983
14) 小島俊彰「縄文時代」『図説発掘が語る日本史』3，1986
15) 長野県教育委員会『諏訪信仰習俗緊急調査』1972
16) 本山萩舟「クリ」『平凡社世界大百科事典』8，1972
17) 宮下健司「信濃の縄文文化—クリ帯文化論の提唱」『古代史を歩く』9，1988
18) 西田正規『縄文の生態史観』1989
19) 橋本澄夫「北陸における大型木柱使用の建造物遺構」『古代日本海文化の源流と発達』1985
20) 宮坂光昭「強大なる神の国—諏訪信仰の特質」『御柱祭と諏訪大社』1987
21) 中村良幸「大形住居」『縄文文化の研究』8，1982
22) 宮下健司「日本における研磨技術の系譜」『日本原史』1985

高床式建物の起源————
——岩野原遺跡の掘立柱建物跡を中心に——

長岡市教育委員会
■ 駒 形 敏 朗
（こまがた・としろう）

新潟県岩野原遺跡などで掘立柱建物跡が発見されたことから，縄
文中期末葉から後期前葉には高床式建物が存在したことがわかる

今春小学校を卒業した娘 の 社 会 科 の 教 科 書
（1988年文部省改訂検定済「改訂 小学社会6年上」教
育出版，1988年12月印刷）の12ページに「日本のな
りたち」という単元があり，縄文時代の生活とし
て千葉県加曽利貝塚の様子を絵とともに紹介し，
住居として竪穴式住居跡の写真を掲載している。
おそらく中学校でも縄文時代の家は竪穴式住居跡
が一般的な家として紹介されていることは，容易
に想像される。

このように縄文人たちの家は床を半地下式にし
て屋根を架けた「竪穴式住居跡」であると，義務
教育課程を通して大多数の人々が理解していると
ころであろう。そして，高床式建物は弥生時代に
倉庫として採用されたのが日本では最初のことと
受け止められている。

ところが，数年前に富山県小矢部市桜町遺跡の
低湿な河川部分（縄文中期末～後期初頭）から発見
された建築部材[1]によって，縄文時代にも高床式
建物があったと考えられるようになった。本稿で
はその桜町遺跡の建築部材を端緒として，高床か
平地式かの議論がある縄文時代の掘立柱建物を新
潟県岩野原遺跡例で検討してみたい。

1　桜町遺跡の建築部材

出土した建築部材は径22cm，全長3mの丸太
材で，中央に横木を通す貫穴（ぬきあな）が空けら
れ，貫穴の上には横桟を渡す桟穴（えつりあな）を
設けている。また尖っている先端から1mほど
は，地中に埋まっていたため腐食して細くなった
と考えられている。桜町遺跡の建築部材は，貫穴
と桟穴とを持つ複合的構造で，さらに深度が1m
にも及ぶ痕跡から高床式建物の柱材と考えられる
ものである。

高床の建造物は竪穴住居とは比較にならないほ
ど屋根の高い建物で，それを支えた柱穴も深いも
のと考えられてきた。それが，桜町の柱材の発見
によって，高床を支えた柱の規模（径22cm，深度
1m）を具体的にとらえることができるようにな

った。これまで掘立柱形式の柱穴などの「遺構」
面から議論されてきた縄文時代の高床式建物の柱
の規模は，柱材という「遺物」の出土によって一
つの目安を得ることになったと言えよう。

2　新潟県における掘立柱建物の発見

1976年の長岡市藤橋遺跡（縄文晩期）の発掘調
査[2]で「掘形」と「柱痕」とが明瞭に区別できる
「掘立柱」状を呈するピットが発見された。とこ
ろが，あまりにもこの種のピットが狭い調査地内
に多数あるため，掘立柱建物のプランを推定する
にはいたらなかった。

その後，1978年からの同じ長岡市岩野原遺跡の
調査[3]で，縄文時代後期前葉の馬蹄形集落の開口
部を挟んだ位置から「掘立柱状」の柱穴が発見さ
れた。この柱穴の配置は亀甲形と長方形の2種類
の平面形態を呈していた。この発見で，縄文時代
にも掘立柱建物が存在することを予測するに至っ
たのである。

3　岩野原遺跡の掘立柱建物

岩野原遺跡は，信濃川左岸の河岸段丘上に位置
する縄文時代中期から後期の集落跡である。中期
の集落は台地の縁に80数基の竪穴住居が並び，そ
の内側に貯蔵穴の袋状ピットがある。さらにその
内側には土壙墓と思われる浅い楕円形を呈するピ
ットが多数位置し，広場の空間へ続いている。土
器捨て場は沢と斜面にあって竪穴式住居跡が取り
囲んでいた。だが，本稿で話題にしている掘立柱
の柱穴は中期の集落域では発見されていない。

岩野原遺跡で掘立柱建物跡が発見されたのは，
後期の集落域である。後期の集落は，中期集落位
置から遺構の無い地帯を挟んで西の台地中央部に
位置していた。集落の展開は北の沢に面して入江
状にカーブしている所を開口部に80数基の住居跡
が馬蹄形に並び，その外周部に約150基の貯蔵穴
と思われる大ピットが巡る。集落の中央部は中期
と同じように広場となっていた。その広場に面し

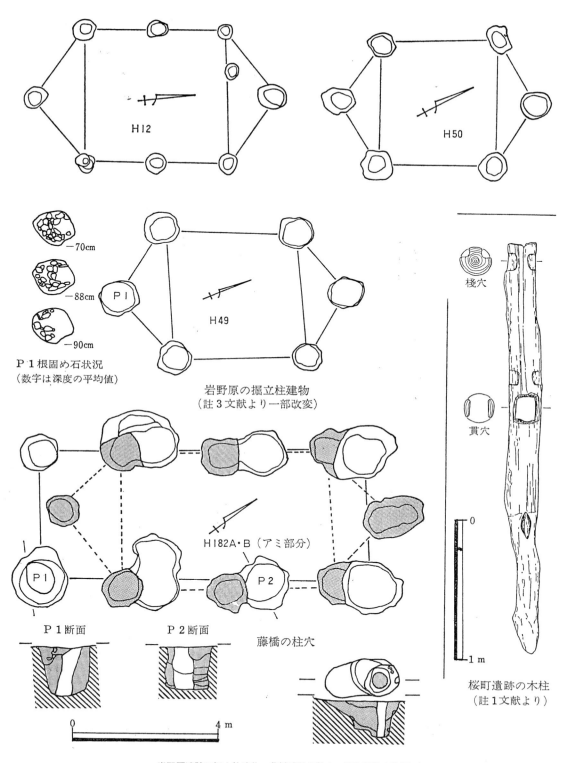

岩野原遺跡の掘立柱建物・藤橋遺跡の柱穴・桜町遺跡の柱材

て岩野原遺跡唯一の敷石住居跡もある。

ところで，岩野原の掘立柱建物は前述のとおり馬蹄形集落の開口部を挟むかたちで西に3基，東に2基の掘立柱建物が対峙するように位置していた。いずれも後期集落の貯蔵穴の大ピットと同様の規模（直径・深さとも1m前後からそれ以上）を持っているため，ピットを半截してピットの覆土の断面で確認（第180号A・B住居）し，あるいは，びっしりと根固め石が入っていること（第12・49・50号住居）から貯蔵穴と区別したもので，確認は調査後に図面を広げてではなく，調査中に現場で行なったものである。

第12号住居跡

第12号は石で根固めされている8本の柱穴（直径60～80cm，深さ80～125cm）で構成される掘立柱建物跡で，西側の開口部から若干南によったところに位置していた。平面形態は長方形の妻側の中央で，1本だけ妻側のラインよりはみ出して柱穴がある細長い六角形の「亀甲形」である。妻側の中央ではみ出ている柱は，一般に切妻屋根の棟木を支える「棟持柱」と理解されている。これからするならば，第12号の平面形態は桁行2間・梁間1間に「棟持柱」が付いた建物と言えよう。規模は桁行の柱間寸法が約1.9m，梁間は3.7mで，面積は14.06㎡。柱穴の規模は掘形上面径が60～80cm，深さ80～125cmで，根固め石に囲まれた柱痕跡の部分（根固め石の保存状態が良好で計測できる柱穴に限る）の径は20cmであった。棟持柱は妻側から約1.3m離れている。棟持柱穴の規模は他の柱穴とほぼ同じである。第12号の範囲内やその周辺には炉跡や周溝などの施設は検出されなかった。また，第12号が営まれていた時期は，他の多くの掘立柱建物同様，集落全体の状況から縄文後期前葉ごろと推測される程度である。

第49号住居跡

開口部西側に位置する第49号住居跡は，棟持柱を妻側から外に持つ桁行1間・梁間1間の建物である。柱間寸法は桁行3.5m，梁間3.6mで，面積は12.6㎡を測る。棟持柱の妻側面からの出は1.2mであった。柱穴は直径80～100cm，深さ100～130cmの掘形で，P1の状況から径約40cmの柱を石で根固めをしていた。この根固め石の入った柱穴は，10～20cmの石をまるでコンクリートを流し込んだように押し詰められた状況であった。

この第49号住居跡も第12号同様，柱穴以外に施設は無い。また，時期も縄文後期前葉の範囲に入るものと考えられる。

第50号住居跡

第50号は第49号とほぼ同じ位置にあって，規模が桁行3.1m，梁間3.6mと，若干第49号より小さい（面積10.85㎡）。桁行1間・梁間1間で，妻側から1m離れて棟持柱を持つ建物跡である。柱穴は，掘形が径60～90cm，深さ70～120cmで，柱痕径は約40cmであった。根固め石は10～15cmで，根固め石の状況も第49号同様ガチガチで，棒でつついて入れたのではないかと思うほどであった。やはり，柱穴以外の施設（炉跡など）は確認できず，時期も同じく縄文後期前葉であろう。

第182号住居跡

開口部西側の掘立柱建物は3棟とも石で根固めをしている例であるが，東側の第182号は版築状に埋め土をした柱穴で構成する掘立柱建物跡である。第182号を構成する柱穴は2棟分が重なっていることが観察され，第182号Aと第182号Bの2棟に分けた。

第182号Aは桁行3間・梁間1間の長方形を呈する建物跡で，桁行の柱間寸法は約3m，梁間が3.6mと3.8mである。面積は33.3㎡である。柱穴の規模は掘形の径が100～150cm，深さ100～140cmで，明瞭な柱痕跡は40～50cmの規模を示す。

一方，第182号Bは棟持柱を持つ桁行2間・梁間1間の亀甲形平面の掘立柱建物で，梁間は第182号Aと同じであるが，桁行の柱間寸法は約2.8mと一回り小さく，面積も20.72㎡と小振りである。また，柱穴の規模も掘形が径・深さとも90～100cmで，これもAに比して小さい。妻側ラインから棟持柱までの寸法は約1.5mを測る。時期は他の掘立柱建物と同様，縄文後期前葉と思われる。

4 掘立柱建物の検討

これまでは桜町遺跡出土高床式建物の柱材と，岩野原遺跡の縄文後期の集落域に位置する掘立柱建物を概観してきたが，ここでは遺物（桜町の柱材）と遺構（岩野原の掘立柱建物）との相違点を探り，掘立柱建物の床が平地式か，高床かを考えてみよう。

床を地上に高く上げて支えるには頑丈な柱が必要なことは言うまでもないが，桜町遺跡の柱材から高床を支持する柱の形式の一例が考えられるようになった。その計測値を岩野原遺跡の掘立柱建物と比較すると，深さ80〜125 cmで柱痕の径20 cmの第12号住居跡が最も近い。柱のサイズからは岩野原第12号住居跡の根固め石による柱穴に，桜町遺跡の柱材を想定することは十分可能である。さらに根固めがある岩野原遺跡の例は，柱を直接地中に立てる場合より，頑強に屋根や床を支えたと考えられるのである。

以上のように桜町の遺物（柱材）と岩野原の遺構（第12号住居跡＝掘立柱建物の柱穴）を比較したとき，数字的に極めて共通するものがある。柱の規模およびその構造上の頑強さの点では，岩野原の第12号住居跡（掘立柱建物）は高床式建物の可能性が高いと言えよう。そして，より柱穴の規模が大きい他の第49・50・182A・182B号住居跡（掘立柱建物）も高床式建物と推測される。

ところで，掘立柱建物（長方形柱穴列）を先駆的に研究している坂上克弘・石井寛両氏[4]は桜町遺跡の発見前に，長方形柱穴列の構造を，

「①平坦な場所に占地することが多いことから多くは平地式であり，②切妻式の構造を有しているらしい」と考えた。桜町遺跡の発見で，①の平地式建物論は，柱痕の規模などの構造的な特徴を考慮に入れた再検討の時期にきたと言えよう。それでは②の切妻式屋根の構造はどうなのかを，次に考えてみよう。

岩野原遺跡の縄文後期の竪穴式住居跡の柱穴は径10〜20 cm，深さ8〜40 cmで，掘立柱とは比べようもないほどに小さい。屋根を地上に直接葺き降ろす形式が一般的な竪穴住居は，屋根にかかる重量を柱のほか，地上に降ろした垂木にも分散させることができる。これとは対照的に掘立柱建物は，柱だけで屋根からの荷重を支える構造で，やはり一般的に指摘されている軒先までの切妻式と考えるのがより自然であろう。さらに亀甲形平面の掘立柱建物の屋根は棟持柱が妻側から1m以上離れていることから，軒先が短く，棟が長い逆台形状と考えられる。

5 まとめ

以上，桜町遺跡出土の建築部材が高床式建物の柱材であるという前提のもとで，縄文時代における高床式建物の存在を考えてみた。そして，岩野原遺跡の掘立柱建物の床が，柱穴の規模や状況から平地式よりは高床式建物の可能性が高いことや，屋根は亀甲形のプランから棟が長くて軒が短い逆台形状の切妻式であろうことを推測した。これまで掘立柱建物は平坦面に位置して炉を持たないことや，集落構成上から祭祀に関係する遺構と考えられることが多かったが，この性格を「高床式建物」という観点から今一度見直す必要性が出てきたように思える。そこには新潟県藤平遺跡[5]（縄文晩期末葉）のように亀甲形の掘立柱建物だけで集落全体を構成する例があることも念頭に置く必要があろう。

しかし，本稿の主要テーマである高床式建物の起源について充分に検討するには，これまで柱穴の規模や上屋構造などの掘立柱建物に関わる重要な問題についての議論が不十分な状況である。そのため，ここでは，新潟県や富山県では少なくとも縄文中期末葉から後期前葉にはすでに高床式建物があった可能性が高いと指摘するに止めたい。

さらには岩野原例で考えた逆台形状の屋根を持つ高床式建物は，安志敏氏が提示した漢代以前（縄文時代を含む）日本伝播説[6]の形態である。この日本伝播説も含めた日本列島における高床式建物の起源についての詳細な検討は，今後に残された課題として，別な機会に譲りたい。

なお，本文を記すにあたっては宮本長二郎・中島栄一先生をはじめ，藤巻正信・小熊博史氏と掘立柱建物についての検討を行ない，有意義なご教示をいただいた。記して感謝の意を表する次第である。

註
1) 伊藤隆三・山森伸正「富山県小矢部市桜町遺跡（舟岡地区）の発掘調査」『縄文時代の木の文化』富山考古学会縄文時代研究グループ，1989
2) 駒形敏朗ほか『埋蔵文化財発掘調査報告書―藤橋遺跡―』長岡市藤橋遺跡等発掘調査委員会，1977
3) 駒形敏朗ほか『埋蔵文化財発掘調査報告書―岩野原遺跡―』長岡市教育委員会，1981
4) 坂上克弘・石井 寛「縄文時代後期の長方形柱穴列」『調査研究集録第1冊』港北ニュータウン埋蔵文化財調査団，1976
5) 家田順一郎『藤平遺跡発掘調査報告書Ⅱ』下田村教育委員会，1986
6) 安志敏「長江下流域先史文化の日本列島への影響」考古学雑誌，70―3，1985

高槻市立埋蔵文化財
調査センター
住まいと生産活動──────■ 森田克行
（もりた・かつゆき）

住まいと生産活動の一端として竪穴式工房のなかから，類例の
多い弥生時代の玉作り工房と古墳時代の埴輪工房をとりあげる

考古学で，「もの」を専業的に生産する場としてすぐにイメージされるのは「工房址」ということになろうか。ところが，ある竪穴遺構を工房として実証しようとすると，青銅器生産であれば炉・鋳型・フイゴの羽口・銅滓，また玉作りであれば原石・未成品・剝片・工具・玉砥石など，製作に直接関係する遺構・遺物の検出が不可欠で，竪穴遺構そのものの形態からでは，それが単なる住居であるのか，工房として活用されていたのかの判断は難しい。また弥生時代とより専業化がすすむ古墳時代とでは，「工房」の文字からうける印象は大いに異なることであろう。小稿では，竪穴遺構を製作の場としているいわば「竪穴式工房」のなかから，資料が比較的多く認められている玉作り工房と埴輪工房を弥生時代と古墳時代の事例としてとりあげ，「住まいと生産活動」の一端について述べてみたい。

1 玉作り遺跡にみる弥生時代の竪穴式工房

これまでⅠ期の玉作り遺跡として，鳥取県長瀬高浜遺跡や島根県西川津遺跡など山陰地方の資料がよく知られていたが，最近大阪府八雲遺跡でⅠ期末からⅡ期初頭にかけての玉作りの遺構が調査されたり，京都府雲の宮遺跡のⅠ期の土坑から碧玉製管玉が出土するなど，畿内でも前期にさかのぼる玉作りのあったことが証明されてきている。Ⅱ期でも大阪府鬼虎川遺跡，兵庫県新方遺跡，京都府深草・扇谷・神足・鶏冠井・鶏冠井清水遺跡，滋賀県鳥丸崎遺跡など，近畿地方での資料の急増が目立っている。また，この時期のもっとも東側の資料としては愛知県朝日遺跡があげられよう。Ⅲ期以降では滋賀県市三宅東遺跡をはじめとする近江の諸遺跡や福井県吉河・下屋敷遺跡，石川県寺中遺跡，新潟県下谷地遺跡などの北陸地方での新出が際立ち，やがて佐渡での玉作りが開花するなど，本州での玉作り遺跡が西から東へ次第に広がっていったことがうかがえる。

ところが玉作りの技術的な系譜のうえでは，山陰地方の長瀬高浜遺跡の輪切り擦切り技法はあまり進展しなかったのに対し，近畿地方のⅡ期でみられる形割段階で施溝分割するのを基本原理とする技法（いわゆる大中技法に包摂される）がその後おおいに発達し，各地に流布していく[1]。ただし後者においても，玉錐の素材の違いや管玉製作の調整段階に剝離技術を駆使する技法（いわゆる新穂技法）などがみられるようになるが，大局的にはそれらはいずれも地域色の反映であったり，技術の発展段階に応じたものであったと考えている。

ここでは，畿内から淀川・琵琶湖・北陸を経て佐渡に至る玉作りの伝播ルートのなかにみられる工房の在り方について，時期別に順次瞥見してみることにする。なお私見では，玉作り工房は基本的に作業用ピットを伴った竪穴遺構とその傍らにあるいくつかの土坑がセットになっていると判断されることから，以下ではその点に主眼をおいて記していこうとおもう。

八雲遺跡では集落の東端部にあたるところで，2棟の住居址と数棟分の掘立柱建物跡が調査されている。工房［住居址］①はやや長円の平面形を呈し，中央に炉が設けられていて，周辺には工房と一連となる6基の土坑と落ち込みが竪穴を取り囲むように配置されている。工房は一度建て替えられており，一時期に3〜4基の土坑が伴っていたとみられる。調査者は掘立柱建物を住居とみている。遺物には，ごく少量の碧玉製管玉・同未成品・紅簾片岩製玉鋸[2]と若干の碧玉片および大量の鉄石英・メノウ製の細石核・細石刃（玉錐の素材）・石ノミなどがある。とくに佐渡島産とみられる鉄石英や近畿地方南部産の紅簾片岩がともに搬入されているという点に注目しておきたい。この八雲遺跡の工房に類似する畿内の例としては，新方遺跡の工房.［竪穴式住居］②（Ⅱ期）がある。工房の全貌は定かでないが，中央部に炭灰を充填したピットがふたつあり，竪穴のちかくには，取り囲むといった状況ではないが，やはり土坑がみ

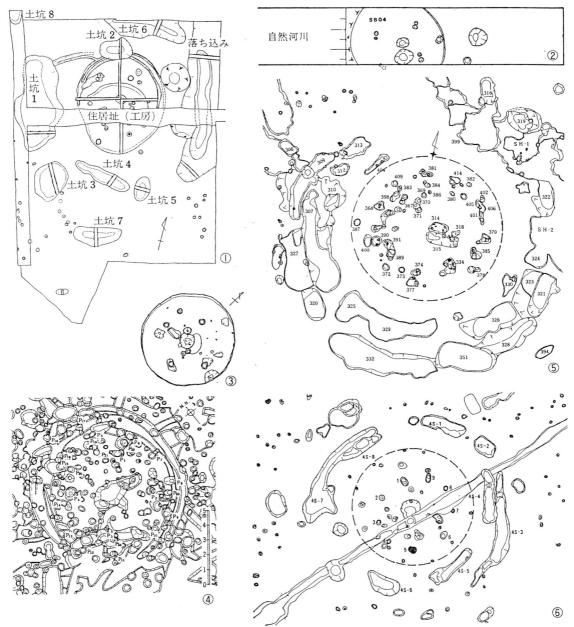

図1　玉作り工房跡（①八雲，②新方，③市三宅東，④吉河，⑤下屋敷，⑥下谷地）〔一部加筆〕

られる。遺物には碧玉製管玉・同じく施溝のある未成品・玉砥石のほか，紅簾片岩の玉鋸片（筆者確認）がかなり出土している。

　近江での最古例と目される烏丸崎遺跡の工房（Ⅱ期）は未公表で明らかでないが，2棟の竪穴式工房が方形周溝墓群に接して検出されているという。遺物としては，碧玉製管玉の未成品・メノウや頁岩製の玉錐・紅簾片岩製玉鋸・玉砥石のほか角玉の未成品も出土している。また市三宅東遺跡の工房③は近畿地方での典型例として早くから知られていたもので，磨ぎ汁・炭灰が詰まった中央土坑をはじめ，炉跡とみられる焼土や金剛砂のはいったピットなどが認められている。そして床面には葦や芒が敷き詰められていて，工房内の様子を具体的に復元するための良好な資料が得られている。工房には100点以上の碧玉片や頁岩製玉錐・紅簾片岩製玉鋸・玉砥石・台石がみられ，ちかくからは石ノミも検出されている。なお金剛砂

は碧玉を擦切りするときの媒材として用いるもの
で，遺構からの検出例は希少な資料となる。工房
と一連の土坑[小竪穴状遺構]も周辺に点在し，そ
れに加えて工人の住居とみられている竪穴がすぐ
そばに併存している。市三宅東遺跡ではさらに玉
作り工房が発見されているが，両者とも居住域の
縁辺にあって，となりにある方形周溝墓群とは溝
で画されている。

北陸でも多くの玉作り遺跡が発見されており，
吉河遺跡もそのひとつに数えられる。工房［竪穴
住居６]④は中期前半のものとしては規模が大き
く，２回の拡張が認められる。中央の土坑から管
玉未成品・碧玉・片岩製玉鋸などが出土してい
る。周辺には無数のピットや土坑が工房と切り合
っており，にわかには工房関連の土坑を指摘しが
たい。また掘立柱建物跡が併行して営まれている
ことやこの集落の南辺に大規模な方形周溝墓群が
みられることにも注意したい。下屋敷遺跡では集
落の北西縁辺部のところで，工房（Ⅲ期）⑤１基
と大小250余基の土坑が群在する玉作り遺構が発
見されている。工房は壁面のたちあがりが失われ
ているが，中央にはふたつの浅皿状土坑があり，
ひとつには炭化物が詰まっていた。工房の外周に
は長円弧状土坑が２重の輪状になって検出されて
いる。そしてこの工房と群在する土坑群を画する
ように１条の溝[SD-001]が掘削されていて，溝
内から銅鐸の鋳型が出土している。遺物は管玉製
作の各工程が十分に復元できるほど大量に出土
し，なかでも紅簾片岩を主とする玉鋸・玉鋸片が
1,000点以上検出されていることは特筆されよ
う。つぎに下谷地遺跡（Ⅲ期）では６棟の住居跡
が確認され，そのうちの５棟までが，下屋敷遺跡
の工房のように長円弧状土坑が環状にめぐるもの
であった。報告ではこれらの遺構を直截に工房と
は明記していないが，玉作りがおこなわれていた
のは確実であろう。「第４号住居跡」⑥はこれら
のなかではもっとも玉作り関連遺物が集中してい
る遺構で，一度つくり替えられたものとみられ
る。竪穴としたときの壁面のたちあがりは認めら
れないが，本来は直径８m前後の竪穴式工房の周
囲に長円弧状土坑を環溝状に穿っていったものと
推察される。またこの遺跡には弥生時代中期の掘
立柱建物跡12棟や県下唯一とされる方形周溝墓が
４基以上検出されている。玉作り関係の遺物は
6,000点以上と，大量に出土している。このうち

碧玉は佐渡島産とみられ，玉鋸の大半は石英粗面
岩で，紅簾片岩はみられなかった。

ここで上記した資料を辿るうえでの玉作りの系
譜について若干整理しておこう。まず技法の点で
は，施溝分割の技術に習熟度の違いはあるが，従
来の見解に従えば②・③・④の資料が大中技法，
⑥が新穂技法であり，④と⑥の中間に位置する⑤
では両技法が使い分けられていたとみられる。ま
た畿内や近江で工房址が未発見の諸資料が基本的
に大中技法によっているのは周知のことである
し，大中の湖南遺跡の施溝未成品の一部にも剥離
調整が認められていることを勘案すれば，新穂技
法が大中技法から派生したことは容易に了解され
よう。さらに大中技法の主要工具である紅簾片岩
製玉鋸は，①～⑤の資料に認められ，⑥のみが石
英粗面岩であった。紅簾片岩は玉作りルートに沿
って畿内から搬出されたものとみて大過なく，管
見では石川県吉崎・次場遺跡の玉鋸が最北の出土
例である。そのことに加えて北陸の④・⑥には，
併行して方形周溝墓群や掘立柱建物跡が営まれて
いるなど，北陸の玉作り遺跡の諸例がかなり畿内
色の強い集落と認められるのである。

すなわち，これまで大中技法とされてきたもの
は，じつはⅠ期末からⅡ期にかけて八雲・新方・
鶏冠井など畿内の玉作り遺跡でおこなわれていた
技法と解釈されるのであり，いわば畿内技法とで
も称すべきものなのであろう[3]。一方，新穂技法
が顕著に認められる地域に紅簾片岩製の玉鋸が流
入していないのも重要な事実であり，それはまた
鉄石英製管玉の主要な流通範囲とうまく符合して
くる。畿内ではⅠ期末の段階ですでに鉄石英の存
在を知っているにもかかわらず，鉄石英製の赤い
管玉を作らずに碧色の玉に固執したのは，それを
希求する「畿内社会」側の論理であり，碧玉製管
玉がガラス製管玉の代替品としての意味合いが強
かったためであろう。北越では剥離調整技法の発
達によって新穂技法が成立して以後，細身の管玉
が大量に生産されるようになる。ところがその主
たる供給先が北陸地方北半部から東北地方，言い
換えれば管玉が碧色であることに固執しない地域
に移ることにより，原材が豊富にある鉄石英製の
赤い管玉が碧の管玉を凌ぐほどに生産されるよう
になったのであろう。

記述がいささか玉作りに流れたが，ここで玉作
り工房に話を戻そう。工房の位置については，大

量の石屑が生じる関係でなかば必然的なことかもしれないが，大半が居住域の縁辺部に設けられている。ただ⑥だけは居住域の只中に位置しているが，これは①〜⑤の資料が集落の一画で玉作りがおこなわれていたのとは異なり，下谷地遺跡では集落の全域で大規模に生産されていたためと判断される。工房の規模では，近畿地方の①・②・③が直径6〜7mで，北陸地方の④・⑤・⑥が（復元）直径8〜11mとなり，時期が降るにつれ，あるいは北へ行くにしたがい大きくなる傾向がうかがえるものの，基本的にはそれぞれが所属する集落の竪穴住居の規模と似かよっていたとみられる。また建て替えもかなり認められ，一定期間は継続して維持されていたとみてよい。そしていずれもが竪穴の周囲に土坑をかならず設けている。土坑の多寡については，工房の継続期間の長短を反映したものとみなされる。なお筆者の予断かも知れないが，なにか竪穴式工房の類は一般の住居に比べて竪穴の掘り込みが浅いようにおもわれ，逆にそのことが北陸地方の諸例（寺中遺跡の資料も含まれよう）にみられるように，工房の周辺に必備されるべき土坑が輪郭に沿うようにして穿たれて

いく一因になるのかも知れない。これら土坑の機能はいまのところ判然としない。石屑などの廃棄用もしくは原石を水に浸すための貯水用などがおもい浮かぶが，⑤・⑥など環溝状のものではむしろ区画や排水が主目的になっていくのだろう。ところで下屋敷遺跡の例をひくまでもなく，玉作りが工房内の空間のみで完結するわけではなく，②などのように碧玉の剝片がみられないものもあり，検出した遺構が玉作りの各工程のどの段階であるのかという検討は，今後の課題として残るだろう。八雲遺跡の①などは出土遺物の検討から玉作り工具の生産址であったと結論づけている。傾聴すべき視点であろう。

　以上，弥生時代の「住まいと生産活動」を玉作りに仮託して，述べてみた。玉作り工房をとりあげたのは，単に類例が多いというだけでなく，弥生時代の各種の工房，言い換えれば竪穴のなかで一定の工作技術を背景にして専業的にものを生産しはじめた段階での工房の在り方として，それぞれに共通するものを見いだしたいがためである。例えば玉と石剣の製作がともにおこなわれていたものとして神足遺跡のSH1613があげられるし，

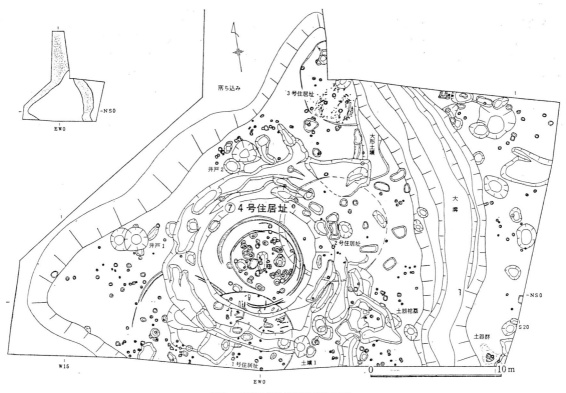

図2　大阪府芝生遺跡遺構平面図

遺跡単位では東奈良遺跡の銅鐸・銅戈とガラス製勾玉，下屋敷遺跡の銅鐸（未遂）と碧玉製品などが同じ工房（地区）で製作されていたと推定されるように。

図2は大阪府芝生遺跡の遺構図で，中央部で検出されている環溝を有する4号住居址（Ｖ期前半）に注目したい。この住居址⑦は集落の外辺部に位置し，しかも大溝で隔離されるようにして計画的に配置されていた。住居自体は中央に炉跡状の土坑をもち，3回以上の建て替えが認められ，環溝も同様に掘り直されている。住居址からは当該遺構を工房と断定するだけの遺物はみられないが，すぐちかくから銅鏃2点・銅釧1点・銅錐1点および多くの砥石が出土していることを指摘しておきたい。およそ集落の外辺部で青銅器生産をおこなっていたことは，東奈良・唐古・鬼虎川など畿内の多くの遺跡が例証しているし，ましてや高温の熱処理には居住域からの隔離も当然なことであったろう。当該遺構に類する資料が多見されるのを待ちたい。

2 埴輪生産遺跡にみる古墳時代の竪穴式工房

古墳時代になると，ほとんどの「もの」は組織化された専業集団で製作されることが一般的になる。玉作りなどでも，塚崎遺跡21号竪穴のようにひとつの大規模な竪穴のなかに複数の製作単位が認められるなど，工房が住まいのイメージとは大きくかけ離れたものとして目立ってくる。ここでは，最近の調査例から大規模工房と小規模工房の対比が可能になった埴輪工房を簡単に紹介して，責めを塞ごうとおもう。

埴輪工房の調査例としては，茨城県馬渡・小幡北山，埼玉県桜山，千葉県公津原，大阪府新池遺跡などが代表的なものであろう。そのなかで，関東の諸例は大半が6世紀代で，5世紀代では新池遺跡の例が数少ない資料となる。関東ではこれまでに2種類の工房が指摘されている。ひとつは長方形のプランを呈する小屋掛け的なもの⑧で，日常雑器をもたず，カマドも付設されていない。いまひとつはほぼ方形のプランをもつもので，カマドがあり一般の住居としての機能をあわせもったもの⑨である。どちらも竪穴から粘土・焼土・埴輪などが出土することから工房と認定されるものだが，⑧のタイプが関東での一般的な工房の規模・形態であり，類例も多い。

一方，畿内の例として掲げる新池遺跡の工房は格段に大きくて，関東のそれとは好対照をなしている。⑩は3基あるなかの1基で，12.8m×10.7mの規模をもつ。主柱は2間×2間で構成され，それぞれは直径15cm前後のものを2本1組にして用いた特殊な構造になっており，中軸線上には4ヵ所に棟持柱がみられた。工房内には少なくとも14ヵ所以上の作業用ピットがあり，そのいくつかには容器に転用した円筒埴輪のなかに粘土が残されていた。また床面のいたるところには粘土や焼土の広がりが認められ，東・北・西の壁際には炭の混じった粘質土の詰まった土坑が穿たれていた。

埴輪生産がまったく専業的におこなわれたこと

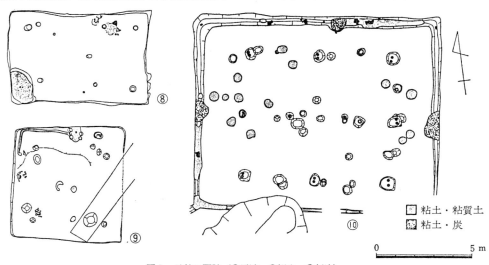

図3　埴輪工房跡（⑧馬渡，⑨桜山，⑩新池）

44

図4 復元された5世紀の「埴廬(はにいお)」
新池遺跡で検出された埴輪窯群・工房群・工人集落などの埴輪生産遺構は、欽明紀23年11月条にみえる「摂津國三島郡埴廬」に比定されている。

は論をまたないが、⑧・⑨と⑩にみられる工房規模の顕著な違いを単純に時期差や地域差に置き換えることはできない。おそらくそれは埴輪の生産態勢の質的な違いを反映したものであろう。新池遺跡では18基の埴輪窯（いずれも全長10m前後の大型窯）が検出されていて、5世紀中頃からおよそ100年間にわたって断続的に操業していたことが判明している。しかもその供給先に太田茶臼山古墳や今城塚古墳などの大王陵（級）の古墳が含まれており、まさに官営工房と認識されるものであったろう。また工房群の東側60mのところでは工人集落も発見されている。ちなみに大阪府小阪遺跡では須恵器工人の集落が発見されていて、窯場までの距離は1.5〜2kmであるといわれている。同じ工人集落ではあっても、定住的な小阪遺跡と臨時的に営まれた新池遺跡とではその在り方が異なるのは当然で、前者は生活の至便なことが前提であり、後者は一時的・集中的な生産を目指した結果とみられる。

註
1) 西川津から布田へいたる擦切り技法の系譜は軟質石材に対する技法であって、大中技法とはやや系統を異にすると考えられる。
2) 『吉河遺跡』などでは、擦切り用石鋸を玉鋸と称している。まことに言い得て妙である。
3) 私は研究史を重視する立場から「大中技法」の呼称は温存すべきと考えているが、最近丸山竜平氏はこの「大中技法」を「近江技法」と呼び変えようとされている（丸山1987）。しかし「近江技法」の呼称では、この一連の玉作りの本質が損なわれてしまうことから、あえて異を唱えたいとおもう。

主要参考文献

西口陽一『八雲遺跡発掘調査概要・1』大阪府教育委員会、1987
丸山　潔『新方遺跡発掘調査概要』神戸市教育委員会、1984
丸山竜平『野洲町史』第1巻通史編、1987
古川与志継「玉作りの村―市三宅東遺跡―」『古代と現代の同居』1983
中司照世ほか「吉河遺跡発掘調査概報」福井県教育庁埋蔵文化財調査センター所報2、1986
山口　充・富山正明「下屋敷遺跡・堀江十楽遺跡」『福井県埋蔵文化財調査報告』第14集、1988
新潟県教育委員会「下谷地遺跡」『新潟県埋蔵文化財調査報告書』第19、1979
森田克行「59．芝生遺跡」『昭和59・60年度 高槻市文化財年報』1988
森田克行「土室遺跡群の調査（その2）」『大阪府下埋蔵文化財研究会（第21回）資料』1990
森田克行「3．新池遺跡」『古墳時代の研究』2、1990
大塚初重・小林三郎「茨城県馬渡における埴輪製作址」『明治大学文学部研究報告』考古学第6冊、1976
水村孝行ほか「桜山窯跡群」埼玉県埋蔵文化財事業団報告書 第7集、1982
黒板秀樹「近江における弥生玉作研究ノート」滋賀考古、3、1990
岩崎　誠「第4章神足遺跡」『長岡京市埋蔵文化財調査報告書』第4集、1989
福島正実『吉崎・次場遺跡』石川県立埋蔵文化財センター、1987
山本　彰ほか『小阪遺跡（その3）』大阪府教育委員会・大阪文化財センター、1987
井上義安『小幡北山埴輪製作遺跡（第1次〜第3次確認調査報告）』茨城町教育委員会、1989

特集 ● 古代の住居―縄文から古墳へ

住まいの民族学
―― 佤族の高床式建物 ――

建築家 若林弘子
（わかばやし・ひろこ）

|住まいほど民族性を如実に表わすものはないが、倭族の一員である日本人が稲作とともに高床式建物をもたらしたと考えられる|

　高床式建物と稲作民族とが密接な関係にあることについては、拙著『高床式建物の源流』（弘文堂、1986年）その他の論稿で述べたとおりである。本稿では最近採訪した中国雲南省の奥地に住む佤族の建物をもって紹介したい。彼らは1958年まで首狩りをしていた部族である。

1　佤族の建物

　わが国の倭人と呼称も同じ佤族の調査は長年の夢で、中国政府に対し願いつづけてきた。ついに昨年10月、雲南省人民政府の招聘をうけ、外国人として初めて未解放地区である彼らの住域を踏査することができた。

　先年来、雲南省を中心に少数民族の調査をつづけてきたのは、鳥越憲三郎博士が提唱された「倭族論」を、建築学の立場から実証するためであった。それは雲南の地で水稲の人工栽培に成功し、その生産様式から高床式建物を考案した民族、稲作と高床式建物を文化的特質として、雲南から各河川などを通じて各地に移動分布した民族を、日本人と祖先を同じくする「倭族」として捉えたものである。

　日本列島に渡来して倭人と呼ばれた弥生人の源流を探るためには、雲南奥地に少数民族としてのこる倭族たちを調査する必要があった。それら少数民族の中で、佤族は首狩族として知られているだけに、もっとも原始的なものを伝えていると期待したのである。

　実際、村の入口にはわが国の鳥居の原形である門があったし、魏志倭人伝にみる女性の貫頭衣も残っていた。この貫頭衣は中国における他の倭族には、すでに見られなくなっているものである。また『日本書紀』允恭朝に記す神判の探湯（くかだち）の風習もあった。

　そこで問題は建物である。佤族が倭族に属するので当然のことであるが、どの村にも高床式住居と高床式穀倉がみられた。住居は籾干場である露台を付設し、もちろん炊事の火所も高床の面に設けるといった、倭族に共通する建築様式であった。

　稲作民族と結びつく高床式建物を理解するためには、苗（ミャオ）族など畑作民族に関係する土間式建物について説明しておかなくてはならない。

　倭族は古く長江（揚子江）流域で暮らしていた。ところが紀元前2000年ごろ、苗族に追われて移動し始めた。苗族は黄河流域での畑作農耕民であったが、漢民族に討たれて長江流域に南下し、明・清時代にはさらに漢民族の迫害をうけて、倭族に属する少数民族の地へ広域にわたって住みついた。しかし彼らはもと畑作農耕民であったため、稲作に転向した現在でも土間式住居を保持している。

　高床式住居と対蹠的な土間式住居とは、床を張らずに土間で覆物をはいたまま暮らすものである。それは苗族にかぎらず、畑作地帯の黄河に発祥した漢民族も同様である。これに対し倭族に属する人びとは、住居に床を張り、履物を脱いで暮らしている。この二つの系統が雲南でもみられるが、それほど住まいというものは伝統性をもつものである。

　そして住居が高床式か土間式かによって、炊事の火所に大きな相違がみられる。一つは床上に設

図1 佤族の分布地図

図2 母屋と露台で構成する佤族の高床式住居

ける炉と，他は地面に設ける地炉や竈である。こうした火のあり方は民族のルーツと密接に結びついている。

わが国の弥生時代の住居跡をみても，炊事の火のあり方に二系統が認められるのではないかと考えている。稲作をもたらした弥生人は，高床の炉と高床式住居をセットにしていたとみてよいが，地炉と土間式住居をセットにした縄文人も同時代にたくさん住んでいたはずである。考古学では弥生住居跡も縄文時代と同様に竪穴住居という用語を用い，土間式住居であったとみている。しかし平地式住居跡も多く発見されており，必ずしも地炉の痕跡がともなっていないものもあるのであるから，再考されなければならないことではないかと思う。

佤族は瀾滄江（メコン河）と怒江（サルウィン河）との間の山岳が褶曲する辺境地帯，海抜2,000mの山腹から1,000mの山裾にかけ，人口 298,000人が住んでいる。分布の範域は滄源・西盟・孟連・耿馬・瀾滄・双江・鎮康・永徳の各県におよんでいるが，滄源と西盟の二県が佤族の密集地で，それらの県では全人口の80％が佤族である。

そこで今回調査したのは，佤族人口がもっとも多く父系社会の西盟佤族自治県と，人口が30％ほどではあるが母系社会の孟連傣族・拉祜族・佤族自治県である。ともにミャンマー（ビルマ）と国境を接する秘境の地であった。ここでは西盟佤族自治県の建物について紹介したい。

2 大房子

昨年10月から11月にかけての40日間におよぶ調査で，もっとも大きく期待したのは，漢民族が「大房子」（大家屋）と呼ぶ大型の高床式住居を調査することであった。その大房子の屋根には花紋のある千木が施され，また木彫りの燕と男子の木偶が飾られている。千木はわが国でも流れをくみ，棟におく鳥の習俗もわが国の各地でみることができる。

これまで佤族に関する報告書としては，1983～87年に『佤族社会歴史調査』（1～4）と，さらに1980年に『西盟佤族社会形態』が刊行されている。まずそれによって，佤族の高床式建物の種類を下に示してみよう。

(1)大房子――これは(2)の住房にくらべて大きい住居。
(2)住房――一般村びとの住居。
(3)客房――(2)よりやや小規模の住居。
(4)倉房――稲籾をはじめ，鎌などの農具を収納する。

ところが調査の結果，もっとも期待していた(1)の大房子はどの村からも失われ，現在の村に存在するのは一般村びとが居住する(2)の住房と(4)の倉房だけであった。上述の刊行物では建物についての報告が至極簡略である。それだけに期待したのであったが，問題の大房子が消滅したのには理由があった。

かつて大房子を建てることができるのは窩郎（ダカン）（曽長）・頭人（村長）・魔巴（ベンチャ）（巫師）・珠米（ツミ）（富裕者）の上流階級にかぎられ，しかも年間に1棟しか建てることが許されていなかった。それは建て初め

47

てから建て終わるまでに，建築上の宗教的儀礼に多大な出費と労力がかかるためであった。

一般の村びとの家は，建築儀礼を含めても1日で完成するが，大房子は11日間を要した。建物そのものは一般の家と同じように，日が昇る前から日が沈むまでの1日で施工完了させなければならないが，着工前に6日，完了後も4日の儀礼が必要であった。

まず土地選び，着工の日取り，材料を伐り出す日など，すべてが巫師の骨占いで決められる。その間の毎日，村びとの響応のために多くの鶏や何頭もの豚を殺し，酒も大量にふるまわねばならなかった。

やっと7日目になって建築に取りかかるが，隣村からも応援に駆けつけ，数十人がかりで建物は1日で完成させる。この日は牛が犠牲にされ，御馳走と酒で村びとは夜明けまで歌舞する。そして完成後，さらに新築祝いが4日間にわたってつづく。

その出費は莫大であった。しかも牛や豚を数多く犠牲として提供する家ほど尊敬され，そのため事あるごとに金持ちは競って殺し，村びとを響応して富を誇示した。そうした家でないと，大房子は建てられなかった。

そうした大房子が消滅したのは二つの理由からである。一つは新中国の解放後，少数民族に対しても共産主義を実施し，土地の私有を認めず国有化したこと，二つは前述した支配階級の名称を廃し，新たに村長を設けたことである。

かつての支配階級や富裕者は広大な農地と，多くの奴隷を所有していた。ところが土地は没収されて家族数に応じて割り当てられ，労働力であった奴隷制度も禁じられた。そのため上流階級は経済的に没落し，一般村びとと同等の暮らしとなった。そのことが大房子の消滅をもたらしたのである。

さて，問題の大房について村びとから聞いたところによると，特別に大きい建物ではなく，一般の家と大差はなかった。ただ，一般の家では間の数が2ヵ所と，炉の数が2つであるのに対し，大房子では3ヵ所の間と3つの炉があったという。

平面図（図3）で示すように，一般の高床式住居には，棟下通りに2ヵ所の間と，2つの炉が設けられている。大房子にあった3ヵ所の間と3つの炉も同じく棟下通りに並んでいた。前述の刊行物には「主間」「客間」「鬼間」と，「主炉」「客炉」「鬼炉」が報告されているが，それは大房子のことで，図4に示すような間取りであったとみられる。なお「鬼間」「鬼炉」というのは漢民族の呼称で，佤族にとっては「神間」「神炉」の意である。

そして3つの炉は3ヵ所の間とセットになって，それぞれ使用目的が厳格に守られていた。例えば「主間」の妻壁と「主炉」のあいだで棟持柱を背に座るのは家長で，もしこの位置に他人が座った場合は，首を切ってもよいといわれるほど，座位がきびしく決められていた。わが国の横座に似ている。以下に一般村びとの住居について紹介

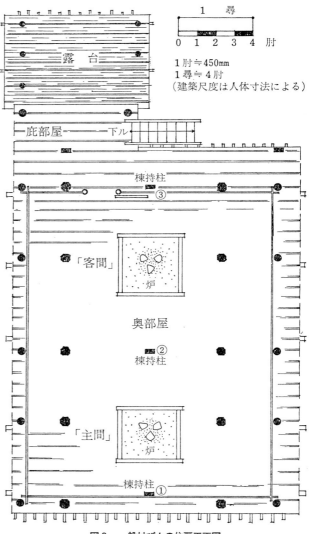

図3　一般村びとの住房平面図

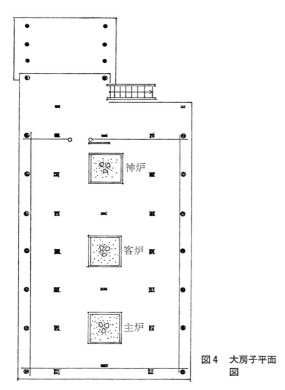

図4 大房子平面図

しよう。どの家も均一な構成である。

3 一般の住居

母屋と露台 佤族の高床式住居は、母屋とそれに付設する露台とで構成されている。母屋は地面にとどかんばかりに深く葺き下ろされた屋根に覆われ、外観からでは中に高床があるとは思われないほど、屋根ばかり目立つ建物である。その母屋の中では就寝・炊事・食事といったいっさいの生活が行なわれる。つまり居住機能を一つ屋根の下に集めた単棟型の高床式住居である。

この母屋の屋根構造は原初的な入母屋造りであるが、妻側にセットされた露台は、籾干場として重要な役割をもつ。脱穀前の籾干しや風選など、晴れた日にはどの家でも露台に籾が一面に干され、黄金色に輝いている。

露台は水稲農耕民が籾干場として考案したもので、倭族に共通してみられるものである。畑作農耕民には露台の必要がなく、収穫物は地面に干される。母屋と露台からなる高床式住居は、倭族にみる建築様式の顕著な特色である。

庇部屋 履物を脱いで梯子を昇ると、機織りや竹細工など手仕事の場である妻庇の下に出る。庇が深くかぶり、露台へは頭をひくく下げてでないと行けない。しかし壁がなく開放的につくられているので明るい。

奥部屋 炉は奥部屋の床上にある。何の仕切りもない一室空間の棟下通りに、大きく切られた炉が2つ並んでいる。床上はこの炉を核として間取られている。

図3に示す3本の棟持柱、①と②のあいだが「主間」で、家長を囲んで家族が生活するところ。②と③のあいだが「客間」で、宗教儀礼や接待を行なう空間である。この棟持柱が間仕切りの役目もしている。

棟持柱は他の柱にくらべてもっとも重要視されており、建物完成後、5年たったとき1回目の腐れチェックをし、さらに5年（その年から数えて）を経たところで再チェックする。合わせて9年間はたとえ腐っていても取り替えることができない。支えをしながら何とかもちこたえ、9年過ぎた後であれば、取り替えても、また家をすっかり建て直してもよいことになっている。

炉 「主間」の炉は、日常の炊事用。本来は主食の米を炊く専用の炉である。

「客間」の炉は、客人の炊事専用で、豚を調理するのはこの炉である。この炉火は消されるが、「主間」の炉は不絶火が続いている。なお、大房子にあった3つ目の炉、「神炉」は儀式（葬式など）以外、いかなる食物も煮ることができなかった。

4 おわりに

これまで一般に、高床式住居は東南アジアなど高温多湿な地域の典型的住居様式であり、同じような気候条件をもつわが国では、その高床様式が古代貴族の権威の象徴として受け入れられ、そしてやがて寝殿造りへと発展していくという説、いわゆる「風土論」で極論されてきたように思うが、そう簡単には納得しがたい。

民族が造形した文化遺産の中で住まいほど民族性を定かに顕わすものはない。倭族の一員である日本人が稲作を伴って渡来したとき、他の倭族に属する多くの民族と同じように高床式建物を住まいの形式としてもたらしたとみるべきであろう。

それにしても共産主義という社会変動で、大房子が消滅してゆく実例をみた。しかし一般村びとの住まいが高床式であるという民族の伝統的なものは、今なお健全に残っている事実をも目のあたりにすることができたのである。

特集●古代の住居—縄文から古墳へ

屋内施設の諸相

住居跡に付随する屋内施設にはどんなものがあるだろうか。その時代的変遷と機能について全国の最近の例から考察してみよう

炉からカマドへ／住まいの入口／
ベッド状遺構と屋内施設

炉からカマドへ

奈良国立文化財研究所
宮本 長二郎
（みやもと・ながじろう）

炉の保有率は時代差や地方差が大きいものである。竈は弥生時代
後期に渡来人によって畿内に出現しやがて全国に普及していった

　炉や竈は火を扱う場所として常に人間と関わりを持ち，人の住む所に必ず存在したはずのものである。しかし，発掘調査によって検出される炉や竈の遺構例は意外と少ないのである。屋外炉や屋外竈，あるいは屋内にあっても地床式建物の場合には，住居や集落の廃絶後に撹乱されて痕跡を留めないのは致し方ないとして，撹乱を受けることの少ない竪穴住居にも，すべての住居址に炉があるのではなく，時代差や地域差がある。

1 屋内炉と屋外炉

　縄文時代早期の関東地方の茅山期の屋外炉や，縄文時代後期の北海道の屋外炉（焼土遺構）のように，屋外炉の多い時期・地域の炉保有率が低くなっていることは，住居と炉の関係の一つの在り方を示している。また，これは推測の域を出ないが，炉をもつ住居と炉のない住居を機能的に使い分けていることも考え得る。しかし，縄文時代の集落遺跡には必ずといってよいほどに検出される多数の焼石礫の存在と，竪穴住居内の床面出土土器の少ないことを考え合わせると，少なくとも焼石を伴う調理は主として屋外でおこなわれたといえないであろうか。この場合，屋内炉の役割は常時火を絶やさずに暖房，照明，種火保存などの複合した機能を兼ね備えていたと考えられ，屋内炉の大きさも茅山期の屋外炉に較べて小型であることも焼石などの調理用としてよりも，むしろ他の機能の方が適しているように思える。また，焼石・土器などの遺物の残存状況は，集落共同体としての食生活のあり方が家族単位でなく一族単位の共同作業であったことを示しているようにも思える。
　東日本の集落遺跡とは住居形式はやや異なるが，上記のような状況を具体的に暗示する例を紹介しよう。沖縄県与那城村仲原遺跡（貝塚時代中期）では屋内炉（石囲炉）をもつ大型住居を中心にして，炉のない小型住居数棟で構成され，これらに廃屋竪穴を利用した屋外炉を伴う。この廃屋炉は床面や側壁面の所々に焼痕があり，埋土は黒色土に混じって炭・焼石・土器片が層状に堆積し，屋外炉として日々利用された状況を示している。また，大型竪穴住居にのみ屋内炉をもつことは，この集落の族長が種火を保守管理し，炉のない他の住居は温暖な沖縄では暖房用としての炉は不必要であったことを示している。
　このような例からみて，東日本の縄文時代の竪穴住居の廃屋竪穴の場合も，単に土器や石器の廃棄場としてのみでなく，竪穴埋土内に焼石礫の多

い場合にはとくに屋外炉としての利用形態も考える必要があろう。

2　炉の形式の変遷

次に，縄文時代から古墳時代にかけての北海道から九州地方までの竪穴住居址 12,731 例について，炉の形式別・時期別の保有率（普及率）を示した表1から，炉の形式の変遷にふれることにする。なお，縄文時代の竪穴住居 6,171 例のうち西日本の例はわずか 72 例にすぎないため，縄文時代の変遷は東日本についての記述が主である。

地床炉は地面を浅く掘り窪めた形式が東日本では一般的で，縄文時代中期を除いて炉形式の主流である。西日本の弥生時代・古墳時代には床面が焼けた程度で位置も定まらない例が多い。東日本の縄文時代前期関山期の地床炉と，弥生時代の地床炉には炉の一端に台石（枕石）をもつ例がある。

石囲炉は地床炉の周囲を河原石で囲う形式である。縄文時代早期には北海道と長野県に，同前期にはこの両地方と秋田・岩手・群馬県に，同中期には東日本全域に普及して炉形式の主流となる。縄文時代後・晩期には主流の座を地床炉に明け渡すが，地床炉に次いで多い形式で，弥生時代には東北・北陸地方と長野県に少数例が残る。

埋土器炉は埋甕炉とも呼ばれ，地床炉の中央や端部に寄せて土器を埋めたものと，大型甕を利用した形式がある。土器内に灰を満たして種火保存

の役目を荷ったものと思われ，地床炉近くに埋甕をもつ例も同様であろう。石囲炉ほど多くはない。縄文時代早期末葉に関東地方に出現し，同前期には秋田県・長野県に，同中期には東日本全域に普及する。石囲炉に較べて普及率は低く，後・晩期には衰退するが，弥生時代には長野県に復活して遺構例が多い。

石囲埋土器炉は石囲炉の中央に土器を埋めた形式である。縄文時代中期に関東地方と岩手県を中心に分布し，他の地域には少ない。縄文時代後期には青森・岩手・長野・新潟県に，同晩期には岩手・福島県に，弥生時代には長野県に残存する。

複式炉は石囲炉と地床炉，二連式・三連式石囲炉，石囲埋土器炉と石囲炉などの複合した形式である。縄文時代中期の青森県を除く東北地方と北陸地方に分布し，同後期には衰退して秋田・岩手県に残存する。

土器片囲炉は地床炉の縁を土器片で囲う形式である。遺構例は少なく，縄文時代中期に関東地方と青森・秋田・新潟県に分布し，同晩期には岩手県の1例のみである。

縄文時代を通して炉の保有率をみると，早期末以後に上昇して中期にはピークに達し，後・晩期ではやや減少するが8割近い保有率を保っている。弥生時代には急減して半数以下となり，古墳時代には炉の保有率はさらに下るが，竈の出現によって炉と合わせると7割近い保有率まで盛り返している。

次に，表2により弥生時代・古墳時代の地域別の炉の保有率の分布と変遷，および炉から竈への変化の過程について記そう。

炉・竈の平均保有率は東日本と西日本ではっきりと傾向が分かれ，東日本では北陸地方を除いて8割前後の高率を保ち，西日本では2割前後から5割前後の低率を示し，北陸地方は西日本に近い。東日本での高率は縄文時代以来の傾向をそのまま引き継いでいることを示し，弥生時代に入って急激に竪穴住居の遺構例が

表1　炉形式別・時期別保有率　　　　　上段：住居数，下段：炉保有率（％）

| | 縄　文　時　代 | | | | | 弥生時代 | 古墳時代 |
	早　期	前　期	中　期	後　期	晩　期		
炉（竈）なし	245	487	372	136	47	1,165	1,313
地　床　炉	129 (33.8)	729 (58.0)	874 (23.9)	319 (48.0)	89 (41.5)	851 (38.6)	1,305 (30.0)
石　囲　炉	6 (1.6)	14 (1.1)	1,350 (37.0)	171 (25.7)	63 (29.4)	12 (0.5)	—
埋土器炉	2 (0.5)	27 (2.1)	480 (13.1)	19 (2.9)	5 (2.3)	171 (7.8)	—
石囲・埋土器炉	—	—	168 (4.6)	12 (1.8)	11 (4.7)	7 (0.3)	—
複　式　炉	—	—	372 (10.2)	8 (1.2)	—	—	—
土器片囲炉	—	—	35 (1.0)	—	1	—	—
カ　マ　ド	—	—	—	—	—	3 (0.1)	1,733 (39.8)
合　　計 （平均保有率）	382 (35.9)	1,257 (61.3)	3,651 (89.8)	665 (79.5)	216 (78.1)	2,209 (47.3)	4,351 (69.8)

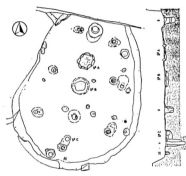
大館町RA301号（岩手県盛岡市・縄文中期中葉）石囲炉と埋甕炉を併置

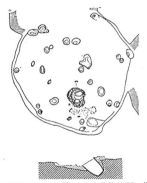
湯沢EⅡ・14号（岩手県紫波町・縄文中期末）地床炉の一端に埋甕を倒置

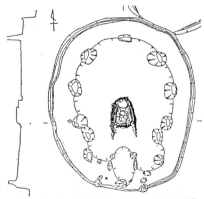
沖ノ原1号（新潟県津南町・縄文中期後葉）最も整った形式を示す複式炉

館野2-2号（北海道上磯町・縄文中期後葉）地床炉に近接する埋甕は火種保存用か

米ヶ森3号（秋田県仙北町・縄文中期末）埋甕炉＋石囲炉＋立石棒

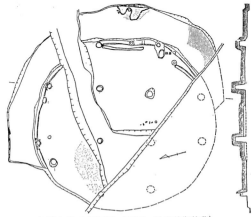
東溝2号（兵庫県加古川市・弥生後期後葉）ベッド状遺構東壁にカマド

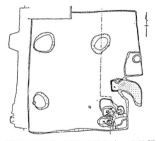
青野8103号（京都府綾部市・7世紀）カマドの焚口と煙道が直交する

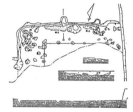
唐川Ⅵ-3号（滋賀県高月町・弥生後期後葉）竪穴北壁にカマド2基

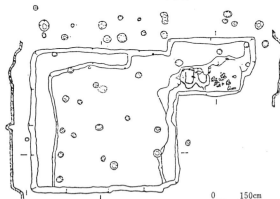
沈目5・6号（熊本県城南町・4C〜5C前半）主屋に釜屋を併設。九州南半部には現在も釜屋を別棟とする民家が多い。

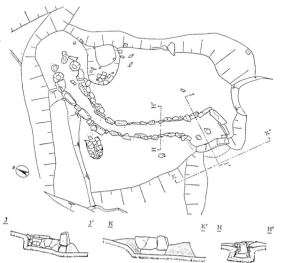
穴太遺跡（滋賀県大津市・6世紀末）オンドル式カマド，北・東部は流失。この遺跡のみ図面縮尺は他の2倍。

炉とカマド

表2　弥生・古墳時代の炉・竈保有率

			東北	関東	北陸	長野県	愛知県	滋賀県	京都府	大阪府	兵庫県	岡山県	鳥取県	四国	九州地方 福岡県	その他	平　均
弥生時代	前期	棟数	—	—	—	—	1	—	—	12	—	—	5	20	48		86
		炉	—	—	—	—	100	—	—	50	—	—	0	5.0	29.2		27.2%
	中期	棟数	2	190	1	23	33	21	14	24	73	169	31	64	228		873
		炉	50	93.2	100	78.3	48.5	28.6	42.9	79.2	32.9	20.1	0	60.9	32.9		47.7%
	後期	棟数	17	723	33	292	213	31	46	14	60	338	52	85	368		2,272
		炉	82.4	90.2	36.4	92.5	81.2	41.9	37.0	71.4	40.0	13.6	25.0	47.1	48.1		64.3%
古墳時代	前期	棟数	118	631	46	23	29	49	72	72	41	77	70	46	142	86	1,502
		炉	63.6	76.7	50.0	65.2	58.6	38.8	23.6	43.1	14.6	33.8	27.1	63.0	33.6	33.7	55.3%
		竈	—	0.6	—	8.7	—	—	2.8	2.8	2.5	—	—	2.2	18.0	2.3	2.4%
	中期	棟数	59	250	5	42	12	—	21	25	41	—	94	9	17	37	612
		炉	42.4	75.2	100	35.7	50.0	—	38.1	24.0	22.0	—	5.3	33.3	35.3	64.9	49.0%
		竈	39.0	4.0	—	14.3	—	—	38.1	—	14.6	—	—	44.4	11.8	5.4	10.0%
	後期	棟数	156	1002	26	156	81	117	213	38	63	43	60	49	179	98	2,281
		炉	13.2	3.8	57.7	3.8	42.0	11.1	0.5	7.9	4.7	23.3	25.0	27.7	2.8	31.6	8.4%
		竈	89.1	92.9	11.5	87.8	33.3	43.6	76.1	28.9	36.5	32.6	—	31.9	73.7	5.1	72.4%
平　均　保　有　率			80.1	88.8	53.1	87.5	74.3	46.8	60.4	47.6	34.5	20.7	16.7	53.1	45.1%		

増える西日本では，東日本とは異なった生活様式によって，このような炉の保有率の差を生じたことを意味している。それは，前記した沖縄県仲原遺跡の生活様式と通じるものと理解すれば，炉の保有率の低さや，その炉も位置が定まらず，床面が焼けた程度の例が多いことも首肯できるのである。

3　炉から竈へ

竈の初現例は弥生時代後期に兵庫県明石市鴨谷地遺跡，加古川市東溝2号住居および滋賀県高月町唐川Ⅵ区3号住居の3例があり，他に愛媛県下の弥生時代中期に堅穴壁に接した焼土面からそれらしい例が報告されているが確実ではない。

古墳時代に入ると，前期には九州地方から関東地方にかけて竈の出現をみるが遺構例は少なく，福岡県下に最も多く分布している。古墳時代中期には竈は東北地方まで普及して同地方で最も高い保有率を示すが，全国的には前期よりもやや増加する程度で，古墳時代後期に入って，竈保有率は全国平均で中期の10％から72.4％に急上昇する。ただし，西日本では京都府と福岡県のみ70％以上の高率を示し，他の地域と北陸地方・愛知県では30％前後が多い。福岡県以外の九州地方は極端に低く，鳥取県では古墳時代を通して皆無で，とくに保守性の強い地域である。

福岡県で古墳時代前期と後期に突出した竈の普及率を示すのは，中国大陸や朝鮮半島の玄関口として，恐らくは朝鮮半島の影響を受けた結果であろう。福岡県と同様の高い竈保有率を示す京都府下では綾部市綾中遺跡・青野遺跡に煙道が竈の焚口から直角に折れた異質な形式があり，朝鮮半島のオンドルの影響かと推定される。実際に，オンドルが検出された滋賀県大津市穴太遺跡（6世紀末）では，土壇上礎石建て住居の隅部に床面を低くして竈を造り，竈の奥壁に沿って左に折れた石蓋付，石組煙道は床面中央をつづら折れに横断して竈と反対側から煙を排出させている。また，同遺跡には同時期・同形式の大型建物の隅に土器竈が原位置に設置した状態で検出され，住居形式といい，竈形式といい，当時の倭人の集落にはみられない生活様式を保っている。

弥生時代後期の兵庫県・滋賀県に出現した竈は，渡来人によってもたらされたもので，福岡県や畿内に竈の保有率が高いのもこのような渡来人との関わりの強さを示している。いっぽう，東北・関東地方や長野県下での竈の普及率の高さは，渡来人との関わり以外に炉に勝る炊事機能がこれらの地方の人々に認知されたからであろう。

住まいの入口

横浜市埋蔵文化財センター
■ 小宮恒雄
（こみや・つねお）

遺構から入口の位置を求めるのは困難だが，扉と考えられる板材や
出入用の梯子・階段状遺構の存在から入口を推測することができる

　住まいの機能や居住人員の構成などを考えるためには，住居内各部がどのように使用されたかを明らかにする必要があるが，その場合，入口の位置が分析の起点となる。また，個々の住居は集落の一構成分子でもあり，その法則的なあり方が集落の分析指標となるが，とくに集落の構造や変遷と関連して住居の「向き」が問題となる場合，それを確定するのは入口である。

　ところが古代以前の住まいは，竪穴住居跡や掘立柱建物跡などのように大地に掘り込まれた部分だけが遺構として残っているのが普通であり，そこから入口の位置やとくにその構造をつかむのは，なかなか容易ではない。

1　建築部材と埋没家屋

　乾燥した高台の遺跡では炭化しなければ残り得ない植物質の遺物が，湿潤な低地の遺跡では良好な状態で遺存していることが多い。縄文時代の部材はまだ発見例が少なく，杭や柱ぐらいしか知られていないが，弥生時代以降になると各種の部材が判明しており，それらを基に上屋の復原的研究が進められている。

　ところでこれら建築部材の中で，入口に関連するとみられるものは極めて少ない。静岡県山木遺跡（弥生時代後期）[1]には入口の扉ではないかとされる2点の板材があるが，大きさや加工の点で難点がある。福岡県湯納遺跡（古墳時代前期）の戸口材とされるものは長さ2.3m，幅16cm前後の板材で，両端から三分の一の所にそれぞれ片側に寄せて軸受け様の造り出しを設けている。

　この他，江戸時代に出羽国（秋田県）雄勝田で発見された埋没家屋に関する，国学者菅江真澄と佐竹藩士岡見順平の記録がある。板を立てならべて壁とした平安時代の竪穴住居とみられるもので，菅江真澄の絵には，住居内の三方の壁の中央に立てかけられた梯子が描かれており，竪穴住居の出入りに梯子が使われていたことを示している（図1-1）。また岡見順平の図は平田篤胤の「皇国度制考」に書き写され，その中に片側に廻転軸（枢）を作り出した両開き戸が軸摺穴のある楣と闖の板に組み合った図が掲げられている（図1-2）。

2　遺物に表現された住まいの入口

　弥生時代中期の土器や銅鐸に描かれた絵画の中には，高床式建物の妻側に出入用の梯子をかけたものがある。また岡山県女男岩遺跡出土の弥生時代終末の家形土器は，平側中央の柱の間に入口を開口させている。

　古墳時代の例ではまず，奈良県佐味田宝塚古墳（4世紀後半）の家屋文鏡をあげなければならない。鈕を囲んで高床住居，平地住居，竪穴住居，高床倉庫と4種類の建物が描かれており，高床倉庫の妻側には銅鐸の絵と同様の梯子がかかっている。これと同じものが高床住居にもあるが，これには手摺りが付いていることから階段とみるべきであろう（図1-3）。反対側には柵と蓋が描かれており，同様の表現が竪穴住居にもあって，シンボリックな意味あいが強い。それに加えて竪穴住居には，屋根から直角に突き出た棒状の太い線と，それを支えるようなやや細目の線が描かれており，これは入口の突き上げ戸を開けた状態を表現したものと思われる（図1-4）。奈良県東大寺山古墳（4世紀後半）からもほとんど同じ表現の竪穴住居を加飾した大刀の環頭2例が出土しており，蓋はないが柵と突き上げ戸の表現は同様である（図1-5）。

　古墳時代の家屋の形を最もよく伝えているのは，家形埴輪である。表現に一定の型式化はみられるものの，住居や倉庫など当時の各種の建物を立体的に造形している。家形埴輪の入口は縦長の長方形に刳りぬいたものが一般的で，入口を設ける位置は平側と妻側の両方があり，平入りの場合は中央よりも片寄せた例が多い。戸口のまわりを線で枠取ったものは方立や楣などの戸口構えを表わしたものらしく，事実，それらを具体的に表現したものが大阪府玉手山古墳などで知られている。

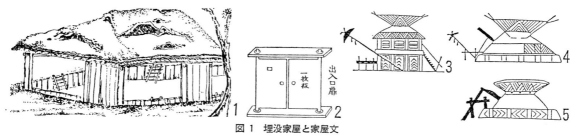

図1 埋没家屋と家屋文
1：菅江真澄の写生した雄勝田の埋没家屋，2：「皇国度制考」にある同家屋の扉の図，
3：佐味田宝塚古墳出土家屋文鏡の高床住居，4：同竪穴住居，5：東大寺山古墳出土大
刀環頭飾の竪穴住居

戸口に立てた扉を表現したものは少ないが，群馬県赤堀茶臼山古墳では，豪族の居館を表わす各種の家形埴輪8棟と共に，倉庫の扉とされるものが3点発見されている[2]。入口を刳りぬいたものをそのまま焼いたものらしく，内1点には中心部につまみが付けられている。神奈川県厚木市登山古墳の家形埴輪には，入口に半開きの扉が取り付けてあり，家形埴輪に一般的な縦長の入口が片開き戸であったことを示す好例である[3]。

3 住居跡から入口を探る

古代以前の住まいの主流は，一貫して竪穴住居であった。畿内では一足早く，その他の西日本各地でも奈良時代には掘立柱建物に交替するが，東日本では平安時代中頃まで，民衆の住まいは竪穴住居であった。平地式や高床式の掘立柱建物跡の場合には本体の柱穴を残すのみで，入口を検討しようにもその形跡を留めた例がほとんどない。これに対して竪穴住居跡では，床面に入口に関する直接，間接のさまざまな手がかりが残っており，中には屋外に張り出す例もあって多様である。そこで次に，直接住居跡に即して入口を検討するために竪穴住居を取り上げるが，住居の形態には地域差が顕著で，時代的変遷に重点を置くためには地域を限定する必要がある。したがってここでは縄文時代〜平安時代の豊富な事例を有する関東地方を中心に見てみたい。

4 縄文時代の張り出し型入口

竪穴住居の起源は後期旧石器時代にまでさかのぼるとみられるが，まだ発見例に乏しく，入口を検討できる段階にはない。

北海道ではすでに縄文時代早期から，ステップをつけた小さな張り出しや屋内の作り出しなどの出入口施設が登場するが[4]，関東地方の早期の竪穴住居にはそうした例はない。

神奈川県横浜市茅ケ崎貝塚の前期（黒浜期）の大型住居には，炉と反対側の壁際に4個の細い柱穴とその中央の楕円形の浅いくぼみから成る入口施設が認められる[5]。壁際の2個は深さ22 cm，他の2個はそれよりも深く，壁に向って傾斜している。中央の浅いくぼみの中には深さ10 cmほどの小ピット2個があり，これと同じ楕円形のくぼみは中期（勝坂〜加曽利EⅡ期）の竪穴の入口部にも設けられている。この竪穴の本来の深さは50 cm以上あり，出入りには階段か梯子のようなものが必要だったはずである。

中期後半（加曽利EⅠ期）からは，炉と反対側の壁際に底をぬいた深鉢形土器を埋める「埋甕」の風習が始まり，急速に普及する。埋甕の両脇には対を成すピットを設けることが多く，また位置もしだいに外側に移り，壁の一部が小さく張り出すようになる（図2-1）。これが中期末（加曽利EⅢ，Ⅳ期）になると長い通路状の張り出しとなり，その先端にも埋甕が設けられることから（図2-2），埋甕は元来入口の床下に埋設されたものと考えられる。その機能については胎盤収納説，小児埋葬説などあって特定し難いが，埋甕から逆に入口の位置を確定することが可能である。これによって「住居が広場を囲むように配置される」定型集落の各住居の向きを調べてみると，例えば神奈川県横浜市大熊仲町遺跡[6]の加曽利EⅡ期の集落ではほとんどが南西から南東を向き，求心的な方向をとっていない。その中央部は土壙墓が群在する墓地となっており，環状に並ぶ住居が求心的な向きをとらないのは，そこが日常生活の場ではなく死者のための場であったからであろう。定型集落の「中央の広場」については，これまでムラのまつりや共同作業などの場と考えられてきたが，最近ではそこが共同墓地の場合もあったことが判明し

55

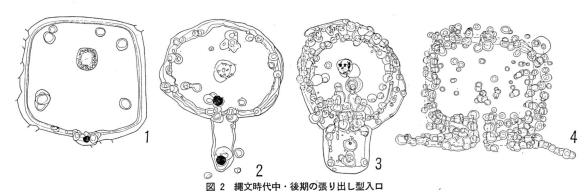

図 2　縄文時代中・後期の張り出し型入口
1：横浜市大熊仲町遺跡（加曽利EⅡ），2：同市新羽9遺跡（加曽利EⅢ），3：同市三の丸遺跡（称名寺），4：同三の丸遺跡（加曽利BⅠ）

てきている。

　中期末の張り出し型入口は，柄鏡型住居と呼ばれるように細長い溝状通路であった。それが後期初め（称名寺〜堀之内Ⅰ期）には方形の小竪穴を付け加えたようなものとなり（図2—3），さらに後期前葉〜中葉（堀之内Ⅰ〜加曽利B期）になると，入口から左右に延びる柱列状のものへと変化する（図2—4）。その後は後期後半から晩期（安行Ⅰ〜Ⅲ期）にかけて再び縮小し，小型方形の張り出し部となる。これら張り出し型入口は系統的な変化をたどりながら，中期後半以降，関東地方の住まいの伝統を形成した。

5　弥生時代の梯子と階段

　関東地方の弥生時代の竪穴住居址は，一般に長方形または方形系統の平面形を基本とし，4本の主柱穴と炉を備えている。加えて炉の反対側の壁寄りに，外側に傾斜して掘り込まれたピットがあり（図3—1），ここから炉の周辺にかけての床面がとくによく踏み固まっていることから，ここが出入口であったと考えられる。横浜市大塚遺跡[7]の焼失住居址では，このピット上に幅18cm，厚さ8cmほどの炭化材が斜めの状態で遺存していた例があり，山梨県中巨摩郡金の尾遺跡[8]でも，ピット中に幅20cm，長さ50cmの丸木半割材が，丸木面を上にして傾斜角68°の状態で残っていた（図3—4）。おそらくこれらは一本梯子で，壁に立てかけるように設置されていたのであろう。事実，弥生時代の梯子には，厚板や半割あるいは四分割した丸木に足掛けを作り出した板梯子や丸木梯子があり，高床倉庫の出入りに使われたと考えられている。山木遺跡の板梯子の1例には，上端に鼠返しを取り付ける柄が作り出されており，こ

れは明らかに高床倉庫用のものである。しかし柄のないものも多く，その中には竪穴住居の入口に使われたものもあったにちがいない。

　弥生時代の大型竪穴住居の中には，一本梯子とはちがった施設を備えたものがある。神奈川県三浦市赤坂遺跡[9]の例は長軸15mの中期の特大型住居であるが，壁溝に接した平行する2本の溝を先端近くでつないだコの字形のもので，溝内にはさらにいくつかの小ピットが認められる（図3—2）。他に平行する2本の溝だけの例もあるが，いずれも中期の大型住居に限られる。これらはおそらく階段状の施設であろう。

　南関東の一本梯子型入口に対して，北関東から中部高地では一対のピットまたは平行する短かい溝が認められる。群馬県高崎市新保遺跡[10]では，この対を成すピット内に縦位置で壁に立てかけた状態を示す板材が残っていたことから（図3—5），2枚の側板の間に横材を渡した梯子か階段が設置されていたことが判明した。側板は幅28cmと24cmで厚さ10cm前後のものであり，横幅約80cmの本体が68°の角度で架けられていた。この型式の入口施設がみられる地域は「中部高地型櫛描文」の分布圏に対応するが，一方，一本梯子型入口は南関東の土器分布圏を越えて，山梨県金の尾遺跡や長野県下伊那郡高松原遺跡[11]などでも認められ，入口の型式と地域圏とのかかわりは複雑である。

6　民衆の住まいと支配層の居宅

　弥生時代から古墳時代前半期にかけて，竪穴住居の変化は極めてゆるやかであった。東日本の場合，変遷の画期はむしろ，カマドが炉に取って替わる6世紀初めに求められよう。一方の壁にカマ

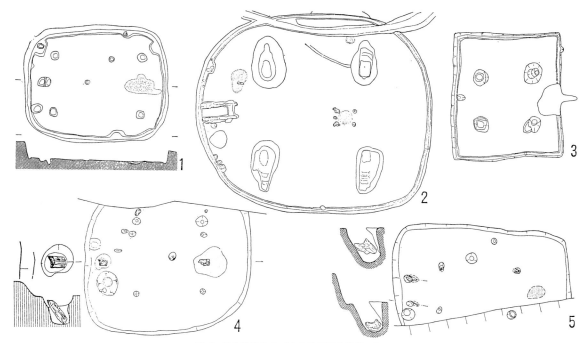

図 3 弥生時代および奈良時代竪穴住居の入口
1：横浜市新羽大竹遺跡（弥生後期），2：三浦市赤坂遺跡（弥生中期），3：神奈川県海老名市上浜田遺跡（8世紀初），4：山梨県金の尾遺跡（弥生後期），5：群馬県新保遺跡（弥生後期）

ドを作り付け，カマドの脇に貯蔵穴を設け，4本の主柱を立てるというのが標準的な構造である。入口は通常カマドの向い側に設けられ，しばしば1個の梯子穴によって確認されることから（図3-3），前代以来の伝統的な一本梯子が使われたものと思われる。入口の位置はカマドの対辺の他，側辺に設けられる場合も少なくない。この他，カマドの向い側に方形の張り出しを設けたものや，それを掘り込んで貯蔵穴としたものもあり，貯蔵穴の場合は上に踏み板を渡していたと考えられている。

竪穴住居は，畿内をはじめ西日本では奈良時代初めまでに掘立柱建物に交替するが，東日本では平安時代前半まで続いた。

ところで，古墳時代にはもう一つ，新たな型の住まいが登場する。溝や柵で囲まれた掘立柱建物群から成る，支配層の居宅とみられるものがそれで，4世紀以降，首長の居館として発達を遂げ，古代の宮殿や官衙，さらには中世の館にまで連らなる流れを形成した。ただ掘立柱建物の場合，遺構として残るのはほとんど本体の柱穴のみであり，そこから建物の形や構造について知り得ることはごく限られている。古い様式をよく残しているといわれる神社建築や，寺院の一部に現存する奈良時代の建物などからみて，支配層の居宅の入口には階段と開き戸が設けられていたとみられる。開き戸は片側に作り付けた廻転軸（枢(くるる)）を楣と閾の軸受孔に嵌め込む扉で，両開きであったろう。敷居と鴨居で立て込める引戸が普及するのはさらに後のことである。

註
1) 日本考古学協会『登呂・本編』1954
2) 帝室博物館『上野国佐波郡赤堀村今井茶臼山古墳』帝室博物館学報第6，1933
3) 赤星直忠「厚木市登山古墳調査概報」厚木市文化財調査報告書第8集，1967
4) 宮本長二郎「縄文時代の竪穴住居」季刊考古学，7，1984
5) 1987〜88年に港北ニュータウン埋蔵文化財調査団で調査したもの。報告書未刊
6) 坂上克弘・今井康博「大熊仲町遺跡発掘調査概報」調査研究集録5，港北ニュータウン埋蔵文化財調査団，1984
7) 「大塚遺跡発掘調査概報」調査研究集録1，1976
8) 末木 健「金の尾遺跡」山梨県埋蔵文化財センター調査報告第25集，1987
9) 赤坂遺跡調査団『三浦市赤坂遺跡』三浦市教育委員会，1977
10) 佐藤明人『新保遺跡Ⅱ』群馬県教育委員会，1988
11) 高松原遺跡調査団『高松原』1977

ベッド状遺構と屋内施設 ─────■

奈良国立文化財研究所
宮本長二郎
（みやもと・ながじろう）

竪穴住居に伴う遺構にはベッド状遺構や周溝，溝状遺構，貯蔵穴などがあるが，それぞれ時期的，地域的に多様な展開をみせている

1　ベッド状遺構

　ベッド状遺構は竪穴住居の周壁に沿って，幅50〜100 cm，長さ1 m 以上，高さ 10〜20 cm ほどの上面平らな土壇状の遺構をいう。長さ1 m 以下のものは入口踏台と推定されるものが多く，ベッド状遺構としては1.5 m 以上から竪穴を全周するものまであり，原則として主柱と竪穴壁間の空間を利用して，ベッド状の幅はその間隔に規制されている。

　ベッド状遺構の地域別・時代別の分布は表1のとおりである。縄文時代には北海道の南部〜東北地方北部から北陸地方にかけて の 青 森 県・岩手県・秋田県・山形県（1例のみ）・新潟県・富山県に分布する。時期的には縄文時代前期から中期にかけて存在し，後期・晩期の例はない。縄文時代前期前葉から中葉にかけての例は数少なく，同後期以後に普及している。

　弥生時代には中期末葉以後から古墳時代にかけて，主として西日本に分布し，東日本では関東地方にみられ，縄文時代に分布した北海道・東北・北陸地方には皆無で奇妙な対比を示している。弥生時代のベッド状遺構の分布状況をみると，同中期前葉には九州地方に出現して（春日市門田1号住居，行橋市竹並 AE-1 号住居），同後期には西日本から関東地方に波及したものと思われるが，九州地方でも福岡県下に突出して遺構例が多く，他の地域では岡山県と兵庫県にやや多い程度で，その普及の程度には地域差が大きく，弥生時代後期以後は漸次減少傾向を辿っている。

　ベッド状遺構を形式分類すると，方形の竪穴住居を規準として，その一辺にあるものをⅠ型，対辺の二辺にあるものをⅡ型，隣接する二辺にあるものをⅢ型，三辺をⅣ型，四方をⅤ型とし，最も遺構数の多い九州地方の弥生時代中・後期 の 128例をさらに細分化して，模式図と各類型の遺構数を表わすと次のようになる。なお，円形や花弁形および張出形の竪穴住居も土壇状のものについてのみ次の類型に含めた。

　九州地方では弥生時代後期の竪穴住居は方形平面が主流となる。それにともなってベッド状遺構が普及するが，中型・大型住居には円形・花弁形住居があり，Ⅳ・Ⅴ型式が採用される。方形平面の住居址には全類型が存在するが，Ⅰ・Ⅱ型が主流で全遺構の7割弱を占める。

　次に，九州以外の各類型の弥生・古墳時代の地域別分布をみると（表1），Ⅰ型32例，Ⅱ型10例，Ⅲ型4例，Ⅳ型23例，Ⅴ型56例あり，九州地方とは逆に，Ⅳ・Ⅴ型が63.2％の多数を占める。四国地方・岡山県・兵庫県では弥生時代後期にも円型住居址が主流を占め，古墳時代には方型主流に変化するが，Ⅳ・Ⅴ型が弥生時代後期の傾向を引き継いでいることによる。

　土壇状をなすベッド状遺構は，以上のように主として西日本に分布して，弥生時代後期に盛んになり，以後は古墳時代末まで衰退する傾向を示すのであるが，ベッド状遺構の機能の主体を寝台そのものとすれば，寝台が次第に使われなくなったということになる。また，ベッド状遺構の最も多い九州地方の弥生時代後期の住居址にベッド状遺構をもつ例は3割弱であることからみても，竪穴住居内の就寝スペースをどこに設けていたかについては，ベッド状遺構とは別の角度から追求する必要がある。

　九州地方の中期後葉から後期にかけての花弁形などの張出し部をもつ住居址には，張出し部の床面を土壇状につくるものと，内部と同一面につくる場合の二通りある。平面の形状は両者とも同様であるから，機能的にも同じであるとすれば，後

表1 ベッド状遺構の地域別・時代別・類型別分布

	縄文時代					弥生時代			古墳時代			I 型		II 型		III 型		IV 型		V 型	
	早期	前期	中期	後期	晩期	前期	中期	後期	前期	中期	後期	弥生	古墳	弥生	古墳	弥生	古墳	弥生	古墳	弥生	古墳
北海道	—	49	32	—	—	—	—	—	—	—	—	—	—	—	—	—	—	—	—	—	—
東北地方	—	13	18	—	—	—	—	—	3	1	3	0	2	—	—	—	—	—	—	—	2
関東地方	—	—	—	—	—	—	1	6	4	4	—	—	—	2	0	—	—	2	—	3	—
北陸地方	—	1	25	—	—	—	—	—	—	—	—	—	—	—	—	—	—	—	—	—	—
長野県	—	—	—	—	—	—	—	3	—	—	—	2	0	—	—	—	—	1	—	—	—
愛知県	—	—	—	—	—	—	—	1	—	—	—	1	0	—	—	—	—	—	—	—	—
滋賀県	—	—	—	—	—	—	—	—	1	—	—	0	1	—	—	—	—	—	—	—	—
京都府	—	—	—	—	—	—	—	1	3	—	—	1	1	—	—	—	—	—	—	—	2
大阪府	—	—	—	—	—	—	—	1	8	2	—	0	4	—	—	—	1	—	3	—	2
兵庫県	—	—	—	—	—	—	1	23	9	—	—	2	4	5	1	—	1	—	3	11	1
岡山県	—	—	—	—	—	—	—	14	24	—	—	2	1	—	1	1	2	2	4	9	17
鳥取県	—	—	—	—	—	—	—	2	—	—	—	—	—	—	—	—	—	—	—	—	—
四国地方	—	—	—	—	—	—	7	13	5	2	1	6	2	—	—	—	2	—	—	6	3
九州地方	—	—	—	—	—	—	8	120	31	5	1	52	17	34	1	11	6	13	10	15	4

者の場合には張出し部に板や丸太・藁などを敷きつめ，寝台を造っていたとも考えられる。遺構数は多くはないが，山陽道の住居址で，三方あるいは四方の主柱間に板や丸太を埋め込んだ痕跡を残して，床面をその内外で同一とする例がある。この場合には，板や丸太を境にして主柱と竪穴壁間に粗朶や藁，籾殻を敷きつめてIV・V型のベッド状を造り付けたものと思われる。時代は新しいが，平安時代の東北地方の竪穴住居には転根太の上に板を敷いた例や，土間床面に直接板を敷いた例も数例報告されている。

近年の発掘例では群馬県子持村の黒井峯遺跡の地床式建物には側壁に沿って粗朶を敷きつめた圧痕がベッド状に残され，また，西日本や関東地方の古墳時代の竪穴住居址には，I-2型状に床面が軟弱のためベッド状遺構と認定される例もある。

以上のような例からみて，木材や草などの材料を用いた寝床が各時代の主流であったと考えられる。ベッド状遺構は福岡県下に突出して多いことからみて，大陸との交流の玄関口として，弥生時代に入っていち早く大陸の寝台形式を採り入れ，同後期に流行して他の地域にも波及したものの，本来の土間床にとこを敷く形式にもどっていったものと考えられる。

ただし，ベッド状遺構の機能は，寝台のみでなく，土壇上に貯蔵穴のある例や，ベッド状の端部に貯蔵穴を設ける例などの貯蔵穴に接した部分は収納スペースとしての棚の役割が考えられる。また，九州地方の花弁形住居には隅に小さな張出し土壇を設けた例があり，I-3型も同様の機能で祭壇にふさわしい位置と形式を示している。III〜V型のベッド状が連続した形式を示すものは，複数の寝台，寝台と棚あるいは祭壇などの組合せであり，それぞれの用途に応じて土壇上の敷物を変えていたものと思われる。

ベッド状遺構が竪穴住居全体に占める割合は，前記のように多くて3割弱の少数であるが，住居内の空間利用を考える上では遺物の遺存状況とからめて多くのヒントを与えてくれる恰好の資料であり，ベッド状遺構をもたない大多数の住居のモデルにもなり得るのである。

2 周　溝

周溝は竪穴住居の壁面に沿って床面境に浅い溝状遺構をいい，縄文時代前期や同時代後・晩期のように壁柱を立てるための布掘り溝は除く。弥生時代，古墳時代の竪穴住居にも周溝内に小ピットをもつ例があり，明らかに壁面保護のための擁壁や壁面化粧，あるいは地表面から上部に立ち上がる壁体を形成する場合を除き，まぎらわしいものは周溝として扱う。

表2は縄文時代から古墳時代の竪穴住居の棟数とそのうちに占める周溝をもつ竪穴住居の割合を時期別に示したもので，一部の県や北海道の続縄文時代，オホーツク時代の住居址は収録していない。また，表記の各地域で遺構例のない時期は，手許に資料のないもので，遺構例があるとしても少ないことを示し，この表によって全国的な竪穴住居址の分布状況をある程度推し量ることができよう。なお，滋賀県・岡山県の古墳時代中期の遺

表2　周溝保有率　上段遺構数，下段保有率(%)

時代	期	北海道	東北	関東	北陸	長野県	愛知県	滋賀県	京都府	大阪府	兵庫県	岡山県	鳥取県	四国	福岡県	九州	平均
縄文時代	早期	113 (0)	44 (2.3)	169 (0)	2 (0)	29 (6.9)	8 (0)	—	—	—	1 (0)	—	—	—	—	17 (23.5)	—
	前期	223 (2.2)	488 (15.6)	380 (20.8)	15 (0)	218 (48.6)	2 (0)	—	—	—	1 (0)	—	—	1 (0)	—	1 (0)	—
	中期	350 (21.7)	684 (8.0)	993 (38.6)	209 (21.1)	1,041 (41.4)	16 (0)	—	—	1 (0)	3 (0)	—	—	—	—	—	—
	後期	73 (0)	173 (2.3)	184 (6.5)	—	41 (7.3)	4 (0)	—	10 (20)	15 (0)	2 (0)	1 (100)	—	3 (0)	—	12 (0)	—
	晩期	20 (25.0)	82 (0)	11 (0)	—	8 (12.5)	15 (0)	—	1 (100)	3 (66.7)	—	—	—	—	—	37 (0)	—
弥生時代	前期	—	—	—	—	1 (100)	—	—	—	13 (76.9)	—	—	5 (20)	19 (0)	48 (8.3)	—	17.4
	中期	—	—	205 (69.3)	1 (0)	26 (19.2)	37 (45.9)	13 (69.2)	16 (37.5)	53 (58.5)	73 (97.3)	169 (89.3)	31 (83.9)	72 (58.3)	217 (28.6)	11 (63.6)	61.5
	後期	—	20 (5.0)	752 (22.7)	32 (75.0)	300 (10)	192 (78.1)	40 (47.5)	46 (80.4)	20 (80)	60 (81.7)	338 (92.6)	52 (100)	88 (50)	179 (79.9)	189 (18.0)	47.0
古墳時代	前期	—	127 (46.5)	650 (32.0)	48 (87.5)	23 (21.7)	31 (58.1)	51 (51.0)	76 (72.4)	73 (76.7)	43 (53.5)	97 (82.5)	73 (69.9)	57 (43.9)	144 (20.1)	89 (11.2)	43.4
	中期	—	60 (63.3)	272 (39.0)	5 (40.0)	44 (9.1)	12 (41.7)	—	24 (41.7)	27 (51.9)	42 (35.7)	—	94 (21.3)	11 (63.6)	—	38 (7.9)	36.0
	後期	—	172 (37.2)	1,062 (65.9)	30 (56.7)	41 (40.1)	41 (46.3)	120 (31.7)	224 (47.8)	42 (50.0)	64 (37.5)	57 (64.9)	61 (47.5)	57 (29.8)	193 (26.9)	100 (5.0)	53.6
平　均(%)		—	33.5	41.5	74.1	20.0	66.9	41.1	55.7	64.9	64.5	87.7	56.6	50.6	37.3	13.8	(%)

構は前期に含まれている。

　縄文時代の周溝保有率は，弥生時代以後に較べて少なく，最も保有率の高い地域は長野県の前期48.6%，中期41.4%で，関東地方の中期38.6%がこれに続く。東日本全体では縄文時代中期の保有率が高く，前期では長野県が突出しており，早期や後・晩期は低率で周溝のない地域が多い。西日本では遺構例が少ないために，周溝保有率についての地域差や時期差を分析することは不可能であるが，西日本全体の縄文時代の周溝保有率は11%であるから，東日本の早期や後・晩期と大差ない傾向を示すものといえよう。

　弥生・古墳時代を通して周溝の分布状況は，弥生時代後期から古墳時代前期にかけて70%以上の高率を示す地域が多く，とくに近畿地方から山陽・山陰地方にかけて高い比率を示している。いっぽう，30%以下の低い保有率を示す地域は，地域的に偏って，長野県と九州地方が弥生・古墳時代を通した平均値が10〜20%の低率で，岡山県87.7%，北陸地方74.1%などと極端な地域差がある。ただし，九州地方では福岡県の弥生時代後期のみ突出した高率(79.9%)を示しており，ベッド状遺構や竈の分布にもみられるように，九州地方内での福岡県の地域的特徴であるといえる。

　周溝保有率の時期別の全国平均は弥生時代前期が最も低く17.4%，同中期が最も高く61.5%であり，以後は漸次減少傾向にあり，古墳時代後期に再び増加して過半数を示す。古墳時代後期には，関東・東北地方と長野県では，時期の下降につれて高率を示す傾向にあるのに対して，他の地域では逆に弥生時代中・後期以降は減少傾向にある。にも関わらず，全国平均値で古墳時代後期に保有率が上昇するのは，遺構数が圧倒的に多い関東地方の古墳時代後期の高い保有率に，遺構数の少ない西日本の低保有率が吸収されたためである。

　ただし，古墳時代中・後期の各地域の周溝保有率は，弥生時代から古墳時代前期にかけての時期と比較して九州地方を除いて地域差が縮小され，全国平均化の傾向を指摘することができる。この傾向は，周溝のみにとどまらず，竪穴住居の平面形式の方形化，すなわち，住居形式の均一化にともなうものと思われ，その画期は古墳時代前期と中期の境にあることが，この周溝保有率分布表によっても明らかであろう。

　周溝の機能については，最初に記したような竪穴壁体の保護や側壁構造に関わるものも確かに存在するが，一般的には土間床面の乾燥を保つための施設であると考える。別項の溝状遺構の屋外排水溝と連結し，あるいは貯蔵穴，中央ピットと連結している例は，竪穴壁や地下から透出する雨水・地下水を貯蔵穴や中央ピットに導き，屋外に排水するのを目的としていることは明らかであろ

う。

周溝保有率の低い地域が東北・関東地方，長野県，九州地方に偏在しているのは，これらの地域では透水性の良い火山灰の堆積がとくに多いことと関連しており，他の地域についても，住居立地の地質に左右されて，同じ地域でも集落によって周溝保有率の差を生じる理由も集落の立地条件によるところが大きいと思われる。ただし，古墳時代中・後期に周溝保有率が全国的に均一化の方向を辿ることや，西日本での保有率の漸減傾向の理由は，集落立地や地質，気象条件の変化などとは別の要因を求めなければならないが，今のところ不明とするほかはない。ただし，九州地方の弥生時代後期に，福岡県のみ前後の時期に比べて異常に高い周溝保有率を示して，周溝が本来的にもつ機能とは無関係に周溝を採用しているのは，当時の西日本での流行に左右されたとも考えられ，古墳時代中・後期に東国で周溝保有率が急上昇する理由も，周溝機能とは無関係に，西日本からの移住した人々によって採用されたのかも知れない。

3 溝状遺構

溝状遺構には床溝と排水溝があり，床溝は竪穴住居の床面に設けられる浅くて細い溝状遺構のことをいい，排水溝は周溝から竪穴壁の暗渠を通って外部に延びる溝である。床溝と排水溝は直結して，床溝が排水機能をもつことを示す例が多いことで示されるように，その主な機能は土間床面の乾燥を保つ役目を荷うものであるが，明らかに板材や丸太材を浅く床面に埋めた痕跡を示す例もあり，これは間仕切りや框とみられる。

床溝・排水溝を型式分類すると次のようになる。
①竪穴の周溝から外部にのびる排水溝。
②外部排水溝と中央ピットを直結。
③外部排水溝と壁寄りの貯蔵穴を直結。
④中央ピットと周溝を結び，直線型，曲折型，分枝型の三種あり。
⑤貯蔵穴と周溝を直結。このタイプには床面中央を分断して貯蔵穴と反対側壁面へ周溝を結ぶもの，貯蔵穴から斜行して側壁周溝と結ぶもの，および貯蔵穴背後壁の周溝と結ぶものの三種に分かれる。
⑥中央ピットから出て床面の途中で終る。
⑦貯蔵穴から出て床面の途中で終る。

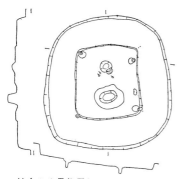
柏木B1号住居(北海道恵庭市，縄文前期末)
ベッド状遺構・貯蔵穴・周堤

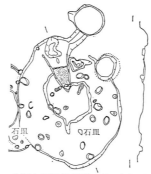
大畑台16号住居(秋田県男鹿市，縄文中期)
ベッド状遺構・複式炉・屋外貯蔵穴

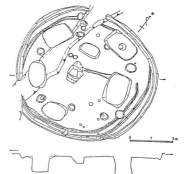
天神原5号住居(岡山県津山市，弥生後期)
貯蔵穴・中央pit・床溝

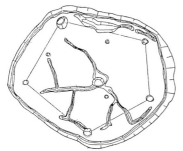
西高江6号住居(鳥取県大栄町，弥生中期後葉〜後期前葉)中央pit・床溝

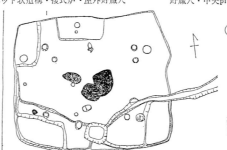
小原18号住居(福岡県若宮町，弥生後期末)
ベッド状遺構・貯蔵穴・床溝・排水溝

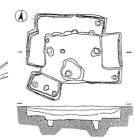
王子4号住居(鹿児島県鹿屋市，弥生中期末)　花弁型ベッド状遺構

ベッド状遺構・床溝・貯蔵穴・中央 pit の例

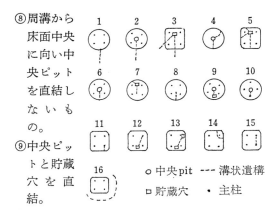

⑧周溝から床面中央に向い中央ピットを直結しないもの。
⑨中央ピットと貯蔵穴を直結。
⑩中央ピットと主柱を直結。
⑪主柱と周溝を直結。
⑫貯蔵穴と主柱を直結。
⑬貯蔵穴と貯蔵穴を直結。
⑭竪穴の隅を囲う。
⑮柱と柱を直結。
⑯竪穴の外周を囲う排水溝。

以上の16類型の地域別遺構数分布は表3のようになる。住居址数よりも合計数値が多いのは一つの住居址に2～3種の類型が複合しているためであり，また，数値には表われないが，④型のように同類型が複合する例もある。特殊な型式としては鳥取県西高江遺跡6号住居址は，中央ピットから⑥型溝3本のうち2本に分枝溝をもち，曲折して床面を複雑に区画しており，普通の住居ではない特殊性を感じさせる。

溝状遺構の出現時期は縄文時代中期の北海道に若干例あってその初現であるといえるが，主として西日本の弥生時代中期から後期に多く，古墳時代には急減する。また，西日本でも地域差があり，岡山県が突出して多く，兵庫県・九州地方・京都府がこれに続き，他の地域は比較的少ない。

最も多いタイプは④型の74例(33.3%)で，これに続く②型と合わせて全体の過半数(55.4%)を占める。中央ピットのともなう②・④・⑥・⑨・⑩型は145例(65.6%)で，貯蔵穴にともなう③・⑤・⑦型よりも圧倒的に多く，また，九州地方では弥生時代中期の中央ピットは同後期には衰退して，竪穴壁寄りの貯蔵穴が増えて④型から⑤型に，②型から③型に変化するが，岡山県，兵庫県，京都府では弥生時代後期にも中央ピットは衰退せず，したがって，貯蔵穴にともなう床溝の例は極めて少ないといえる。したがって，床溝は中央ピットにともなって普及したものといえ，少なくとも床溝のともなう中央ピットは，九州地方のあり方からみていわゆる貯蔵穴と同様に，雨水や地下水を貯蔵穴内に導くとともに，床面の除湿効果を上げる機能をもっていたと思われる。

②～⑨・⑬型の主たる機能が上記のように考えられるのに対して，柱に直結する⑩・⑪・⑫・⑮型は区画施設を示すものと思われ，とくに⑪型は⑧型とともに古墳時代には竪穴壁寄りの一部を区画する施設として，関東地方にもみられる形式である。

4 貯 蔵 穴

貯蔵穴は縄文時代の東日本の集落や弥生時代の西日本の集落では竪穴住居外に存在するのが一般的である。したがって，東日本では北海道以外の地域では縄文時代の竪穴住居内貯蔵穴の例は少なく，屋内貯蔵穴が普及する弥生時代中期以後の西日本ではその保有率は低い。

東日本の縄文時代の屋内貯蔵穴の分布状況は，北海道では早期から後期まで，秋田県，岩手県では前期から中期に，北陸地方では主として富山県の中期に，関東地方では前期に存在する。最も例の多い北海道の貯蔵

表3 溝状遺構の類型別・地域別棟数表

	九州	四国	鳥取	岡山	兵庫	大阪	京都	滋賀	愛知	長野	合計
①	5	1	—	10	4	—	2	—	—	1	23
②	1	—	—	33	11	—	4	—	—	—	49
③	6	—	—	1	—	—	—	—	—	2	9
④	8	1	1	49	10	1	4	—	—	—	74
⑤	5	—	—	—	1	—	—	—	2	—	8
⑥	—	—	1	9	—	—	—	—	—	—	10
⑦	1	—	—	—	—	—	—	—	1	—	2
⑧	1	1	—	—	2	—	—	—	1	—	5
⑨	—	—	—	—	2	—	—	—	—	—	2
⑩	2	—	—	2	6	—	—	—	—	—	10
⑪	—	—	—	3	—	—	—	—	—	1	4
⑫	1	—	—	—	—	—	—	—	—	—	1
⑬	1	—	—	—	—	—	—	—	—	—	1
⑭	—	—	—	1	—	—	—	—	4	—	5
⑮	1	—	—	1	—	(1)	—	—	1	—	3
⑯	4	—	2	7	2	—	—	—	—	—	15
合計 (住居址数)	36 (32)	3 (1)	6 (5)	122 (101)	29 (26)	2 (2)	10 (10)	1 (1)	8 (7)	4 (3)	221 (188)

表4　貯 蔵 穴 保 有 率（％）

			東 北	関 東	北 陸	長野県	愛知県	滋賀県	京都府	大阪府	兵庫県	岡山県	鳥取県	四 国	福岡県	九 州
弥生時代	前	期	—	—	—	—	—	—	—	7.7	—	—	—	10.5	8.3	—
	中	期	—	51.2	—	11.5	21.6	23.1	16.7	—	2.7	1.8	9.7	8.3	26.3	29.5
	後	期	—	36.7	59.4	39.3	64.6	30.0	21.7	25.0	13.3	10.9	7.7	19.3	35.8	28.0
古墳時代	前	期	48.8	43.7	39.6	52.2	58.1	52.9	52.6	52.1	52.6	26.3	8.2	24.6	19.4	29.4
	中	期	75.0	69.1	80.0	38.6	41.7		54.2	29.6	28.6		22.3	0	42.1	23.7
	後	期	44.8	52.4	20.0	44.8	56.1	37.5	24.6	11.9	7.8	10.5	52.5	1.7	20.3	27.0

穴の時期別保有率は，早期6.2％，前期24.2％，中期19.1％，後期1.4％で，早期末から中期末まで平均して20％前後の保有率を保ち，後・晩期には衰退する。このような分布状況からみて，屋内貯蔵穴は縄文時代早期末に北海道に出現して，前期には関東地方に，中期には北陸地方に波及するが，その普及度は低く，一般的には大型住居に採用される例が多い。

縄文時代の屋内貯蔵穴は，竪穴住居の長軸線上の中央から端部にかけて位置し，秋田県杉沢台遺跡の大型住居（6・7・40号）では東半部に2～3個の貯蔵穴を等間隔に配置し，富山県不動堂2号住居では西端部に寄せて各1個の貯蔵穴をもつ。富山県吉峰遺跡では竪穴の端部に接して竪穴外と，竪穴端部の張出し部に貯蔵穴を設け，秋田県大畑台16号住居は住居外の袋状貯蔵穴と竪穴を溝（暗渠か）でつなぐ例があり，最近発見された群馬県中高瀬観音山遺跡（弥生後期）の長方形土壙（貯蔵穴か）と竪穴住居を暗渠でつなぐ例と類似する。

屋内貯蔵穴の周縁部に土堤（周堤）状遺構をともなう例が，杉沢台10号，秋田市下堤4号，北海道ハマナス野117号住居などにある。貯蔵穴の深さは30～60cmが一般的で，袋状（フラスコ型）の例があり，貯蔵穴内に遺物をもつ例は，岩手県君成田Ⅳ遺跡で剝片貯蔵穴が，ハマナス野107号住居ではタフ堆積中に敲石が集中した貯蔵穴をもつ。

表4は弥生・古墳時代の屋内貯蔵穴の地域別・時期別保有率（％）を示す。東日本では縄文時代晩期に消滅した屋内貯蔵穴は，弥生時代前期に西日本に出現する。同中期には東北・北陸地方を除き，中部・関東地方まで進出して，関東地方では最も高い50％台の保有率を示す。弥生時代後期には北陸地方に進出して，愛知県とともに60％前後の高保有率を示し，関東地方でやや低下する。他の地域では中期よりも上昇する地域が多いが，西日本の弥生時代の貯蔵穴は全般的に低い。

古墳時代に入ると東北地方にも進出し，同前期には東日本から近畿地方にかけて50％前後の平均化した保有率を示す。同中期には東北・関東・北陸地方で急伸し，同後期には全般的に保有率が低下して，とくに北陸・近畿地方の低下が著しく，鳥取県のみ急増している。

全期を通してみると，貯蔵穴の保有率は東高西低で，西方ほど低くなる傾向にある。前記したように，西日本における屋内貯蔵穴の保有率の低さは屋外貯蔵穴の盛行と相関関係にあり，弥生時代後期には，広島県で竪穴外に近接して袋状貯蔵穴を設ける例や，同県と岡山県では屋内に袋状貯蔵穴をもつ例が多いなど，地域的な特性を示すものとはいえ，縄文時代の屋内・屋外貯蔵穴のあり方と共通して，縄文時代から弥生時代への連続性がうかがえる。

貯蔵穴の用途は，屋外の袋状貯蔵穴には堅果類を保存する例が知られるが，縄文時代の石器貯蔵穴のように，屋内貯蔵穴の場合は食料以外の物の貯蔵も考えられ，板蓋付きの貯蔵穴内に壺などを納置する例などは文字通りの貯蔵穴である。また，貯蔵穴と周溝を連結する床溝をともなう場合は，地下水や竪穴壁からの浸水を貯蔵穴内に導いて水溜の役割をもつ。貯蔵穴の周囲を土堤で囲う場合，例えば愛知県高橋遺跡（弥生後期）では方形平面の竪穴住居の角部に1～2個の貯蔵穴を設け，主柱を取り込んで土堤で囲い，同時代の長野県下では同様の例のほか土堤のかわりに溝で囲う例がある。古墳時代には壁沿いの貯蔵穴の両脇に，壁と直角に溝状遺構で区画する例や，竪穴壁が一部を外に張出して貯蔵穴を設ける例がある。このように貯蔵穴を土堤・溝・張出しの内に囲う場合は，それ以外の貯蔵穴とは収納物が異なる特殊な用途が考えられ，ベッド状遺構の項で記した九州地方の弥生時代の花弁型住居隅部の小さなベッド状張出しに通じる機能をもつと思われる。

表5　中央 pit 保有率（％）

			北陸	滋賀県	京都府	大阪府	兵庫県	岡山県	鳥取県	四国	福岡県	九州
弥生時代	前	期	—	—	—	—	—	—	100	47.4	39.6	—
	中	期	—	38.5	56.3	30.0	74.0	83.4	83.9	22.2	39.2	72.7
	後	期	—	7.5	52.2	25.0	61.7	79.0	92.3	5.7	84.4	22.2
古墳時代	前	期	14.6	—	19.7	—	39.5	41.2	76.7	—	—	—
	中	期	—	—	—	—	2.4	—	56.4	—	—	—
	後	期	—	—	—	—	1.6	22.8	21.3	—	—	—

5　中央 pit

中央 pit は竪穴住居の床面中央に設けた穴で，貯蔵穴と同様に床溝や土堤，あるいは２段掘りになって蓋をともなうと思われるものがある。したがって，その多くは貯蔵穴と同じ機能をもっていたと考えられるが，貯蔵穴と異なる点は，pit 内に炭化物をともなう例の多いこと，穴が浅く地床炉とされるもの，ごく少数であるが柱痕跡を残す例もあり，貯蔵穴以上に多様な機能が想定される。

表5は中央 pit の時期別・地域別保有率を示す。弥生時代の西日本に主として分布し，同前期の四国地方と福岡県に出現し（鳥取県は１例のみ），同中期には西日本全域に普及する。弥生時代後期には滋賀県，四国地方，福岡県以外の九州地方で保有率は急減し，他の地域では福岡県が急伸する以外は中期と同様である。

古墳時代に入ると，前期には北陸地方に中央 pit が波及し，京都府にも前期まで残るが，滋賀県，大阪府，四国地方，九州地方では衰退する。これらの地域は古墳時代に入って方形平面が主流となる地域であり，いっぽう，兵庫・岡山・鳥取県など中央 pit が存続する地域は円形・多角形平面が残存する地域で，中央 pit が円形・多角形平面にともなうものであることを示している。鳥取県下では，貯蔵穴と中央 pit の保有率を対比してみると，両者は古墳時代前期までは保有率の差が大きく開き，同中期から後期にかけて保有率が逆転している。このような貯蔵穴と中央 pit の関係から，両者の機能は鳥取県下ではとくに同一性が強いことをうかがわせる。

6　おわりに

竪穴住居の屋内施設について，縄文時代から古墳時代にかけての全国的な分布とその変遷のごく大まかな傾向を述べた。分析に用いた竪穴住居址は13,300棟余りで，住居址資料の収集年次に地域差があり，表2に示した各時期・各地域の住居数は現時点とは倍以上の開きがあると思われる。また，縄文時代の西日本や，弥生時代前期の住居址資料のない地域は現在では報告例のある地域もある。このような資料収集年度による地域差は，地域別・時期別の保有率で表わすことによってそれぞれの地域的特性を引き出すことができることを本論で証明できたと思われ，資料の増加している現在においても結果は変わらないであろう。本論では北海道の続縄文時代，オホーツク時代や沖縄県をはじめ10県が未収録であり，紙数の関係で収録遺跡・遺構の出典や屋内施設についての研究史や既発表論文の紹介を割愛したが，いずれ稿を改めて正鵠を期したい。

参考文献

「関東地方の縄文時代竪穴住居の変遷」『文化財論叢』同朋舎，1983

「縄文人の竪穴住居―北海道の場合―」季刊考古学，7，1984

「縄文時代の竪穴住居―長野県」信濃，37―5，1985

「九州地方の弥生時代住居」『王子遺跡』鹿児島県教育委員会，1986

「古墳時代竪穴住居論」『研究論集Ⅷ』奈良国立文化財研究所学報第47冊，1989

以上は筆者による縄文・弥生と古墳時代の竪穴住居址についての論文で，本論に採用した住居址資料のうち，北海道・関東地方，長野県の縄文時代と九州地方の弥生時代，および古墳時代のものについては以上の論文から収録し，東北・北陸地方の縄文時代，九州地方以外の弥生時代については新たに加えたが，東北・北陸地方の縄文時代以外の資料の大半は上記論文に掲載した遺跡と重複し，かつ，上記論文以後の遺跡の資料を加えてはいない。新採用の遺跡名と報告文献は紙数の関係で割愛する。

●各地の住居跡●

山形県押出遺跡

山形県教育委員会
長橋　至
（ながはし・いたる）

縄文時代前期の大木4式期を中心とする押出遺跡からはすべて打ち込みによる柱根が多数出土し，平地式の住居構造が考えられる

　押出遺跡は，昭和60年から62年にわたって発掘調査が実施された低湿地性遺跡である。ここでは，低湿地のため多くの有機質遺物が出土した。同時に，住居跡を構成したと考えられる柱根が多数検出された。柱根はすべて掘形のない打ち込みによるもので，先端は磨製石斧などで加工されている。住居跡は，柱根の構成や出土遺物などによりいくつかのパターンに分類ができる。

1　遺跡の概要

　遺跡は，山形県の内陸南部，米沢盆地の東北端，東置賜郡高畠町に位置している。周辺には縄文時代草創期の洞窟遺跡として国指定史跡となっている日向洞窟，一の沢・火箱岩・大立洞窟などが押出遺跡から約3km東側の奥羽山系低丘陵部に散在している。

　遺跡付近は，最上川水系の屋代川と吉野川の合流点に近く，この両河川によって形成された自然堤防が奥羽山系からの流水をせきとめた結果，部分的に大谷地と呼ばれる湿地となったものと考えられる。遺跡の現地表面の標高は約211m，柱根などの検出面までは地表から約2mを測る。その間の堆積土は7層に区分されるが，いずれも水平堆積の無遺物層である。珪藻分析では，遺物包含層が形成された縄文時代前期以外では現代を除き乾燥状態の時期は認められないというデータを得ている。

　本遺跡の時期は縄文時代前期，大木4式期を中心とする。出土遺物は，該期の土器450箱，石器約5,000点（製品）のほか，木製品，自然遺物，クッキー状の炭化物など，低湿地性遺跡特有の資料が得られている。

2　検出された遺構と出土遺物の分布
　　　（住居跡を中心として）

　検出された柱根について，一定のまとまりをもつ集合体を「住居跡」としてとらえることとし，その形態を検討してみる。住居の類型化はさまざまな観点から検討されるべきだが，この点は報告

図1　押出遺跡第2次調査区の全景（検出された住居跡。柱根が多数みえる。調査面積4,000㎡のうちの1,300㎡。遺構の検出面までは現地表から2mほどである）

書でまとめられるため，小稿では概要について触れることとする。

　(1)　住居の規模——長径で3～5m前後の小型の住居，5～7m前後の住居，8mを越す比較的大型の住居に分けられる。

　(2)　柱根の配置——検出段階で柱根が1列ないし2列で巡るもの，3列以上の複数列で巡るもの，さらに住居域内部に中心柱的な柱根を有するもの，不規則な柱根群が集合するものなどがみられる。ST 13・14・20などは重複や拡張が考えられる。

　(3)　住居内に根太状の材がみられるもの。材は規則性をもって配されている。

　(4)　住居域がマウンド状に盛り上がって検出されるもの。基底面から20～50cmの高さを測り，覆土は粘質土と砂層の互層となる場合もある。柱根はこのマウンドを掘り下げた後に検出される。

　(5)　柱根集合域に礫が配されるもの。SM 1が1基検出された。礫は焼成を受けており，柱根は礫を除去後検出された。

　以上，住居跡の形態を中心に特長を列記した。さらに，住居跡の分布，遺物の出土状況について概述する。

65

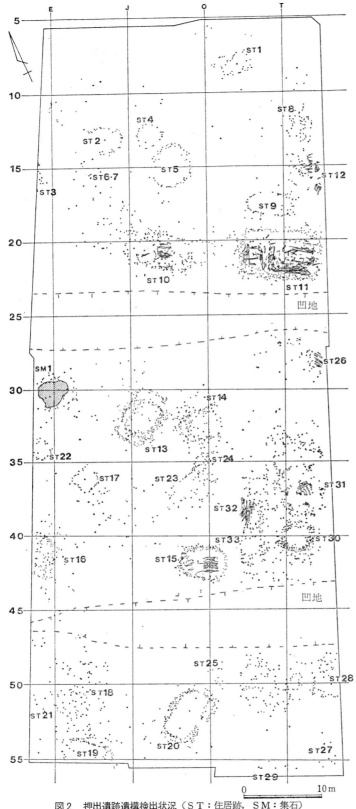

図2 押出遺跡遺構検出状況（ST：住居跡, SM：集石）

住居跡の分布は図2に示したとおり, 調査区の北部, 中央部, 南部にそれぞれ集中している。集中区域の間にみられる空白域は基盤層が30～50cmほど低くなっており, 縄文時代は凹地となっていたと考えられる。したがって, 住居はこの凹地を避けて遺跡内の微高地に構築されたものと考えられるが, 調査区が遺跡範囲の一部（調査面積約4,000m²）のため, 本調査の対象区域が集落全体の様相の中でどのような位置を占めるのかは今後の検討を待つ必要がある。

さて, 遺物の出土状況をみてみる。とくに, 住居の性格を考える意味でクルミ・クリ・土器の分布を中心にみてみよう。

クルミは住居の集中区域および凹地で集中的に出土している。とくに, ST 11, ST 30の南側の凹地に多く分布している。各々の住居跡内部の出土量に比し, 凹地は圧倒的に多い傾向がみられる。クリは分布に極端な傾向がみられる。出土総数の90％以上がST 13に集中している。ST 13は, クッキー状炭化物の出土が顕著な住居でもある。土器は, 出土量で分布をみてみると, 凹地部分は1グリッド（2×2m）あたり0～200片と比較的出土量は少ないのに対し, 住居域は200～1,000片以上と対照的に多い。とくにマウンド状の覆土が検出された住居域に土器の出土量が多い。また,「彩文土器」と称している漆塗りの土器の分布は, 調査区北側の住居域, 南側の微高地（ST 29・27付近）で比較的多く出土している。

3 住居跡の性格

概要を記述してきたが, 住居の性格についての言及は現時点では難しい点がある。出土土器の分析, 住居の時期の分析が現在進行中のため, ここでは代表的な住居を取り上げ, 現時点で考えられる性格の特長, 問題点を列記することとする。

図3 マウンド状の覆土土層断面（11号住居跡。住居域は粘土，砂，細砂などの互層となる。柱根と根太はこのマウンドの下層から検出される）

規模・構造上からの特長 柱根は，すべて打ち込みによるものであることは既述のとおりである。柱根は確認面から50～100cmほど打ち込まれている。壁，屋根などの上部構造が不明のため推定の域を出ないが，基本的には壁が立つ，平地式の住居構造を考えている。竪穴住居は，本遺跡では皆無である。柱根の並びは平面規模が5m以内の小規模な住居は1～2列が巡り，それ以上の住居は2列以上の複数列を有する。複数列の柱根がすべて同時期の所産かは問題が残るが，かなり緊密に狭い間隔で打ち込まれていたことは明らかであり，構造上の大きな特長と言えよう。したがって，複数列のST 10・11・13・15・20・30～33などと，小規模で1～2列のST 1・2・4・17・22などとは構造上の面から，性格の違いがうかがわれる。さらに，根太の有無についても性格の相違が考えられる。

図4 小型の住居跡（2号住居跡。柱根は1列で巡る。根太は検出されない）

出土遺物からの特長 土器の分布状況からの住居間の性格の相違は今後の分析を待って検討したい。前述した自然遺物（クリ，クルミ）についてみれば，凹地にクルミ（殻）が大量に廃棄されていることから，凹地サイドの微高地でなんらかのクルミにかかわる作業が行なわれたことも考えられる。平面的にみると住居跡は，ST 11・30などが関係すると思われるが，住居の廃絶時期の検討を待つ必要がある。クリの出土はST 13に集中するため，明らかにクリの加工あるいは貯蔵に関係する住居と考えられる。焼成を受けている配石遺構のSM 1は，押出遺跡で検出された住居に炉跡とみられる遺構が未検出なこと，焼土も極めて少ないことなどのほか，焼成を受けた礫に付着した炭化物の脂肪酸分析では，クッキー状炭化物との共通性が指摘されていることなどにより，住居数棟分の共同の調理場的な性格を有する遺構と考えられる。また，特殊遺物として彩文土器については，完形品一括の出土はないが，調査区の南側ST 27・29および本遺跡最大規模の住居ST 11を中心に出土している点から，集落内の数棟，あるいは一定の地点で使用されたと推測されるが，その使途と住居の特定は検討を待って考察したい。

住居跡の性格については，現在のところ上記のような概要が判明している段階である。また，柱根の分布をみると，不規則に分布する一群，直線的に並ぶ柱根など，住居以外の施設の存在もうかがわれる。

押出遺跡の遺構（とくに住居跡）のあり方は，縄文時代前期の例としては類例が極めて少ないため，住居の性格については，今後にその検討を待たなければならない。しかし，低湿地性遺跡の調査例は増加しており，同様な住居の検出例も期待できる。構造の問題，出土遺物からみた問題など，本遺跡に残された課題は多い。

参考文献
1) 佐々木洋治「押出遺跡」『図説検証原像日本⑤ 発掘と復元 遺跡に浮かぶ古代風景』旺文社，1988
2) 佐々木洋治・佐藤正俊「山形県・押出遺跡」月刊文化財，11月号，1986

●各地の住居跡●

静岡県大平遺跡

浜松市博物館
■ 鈴木 敏則
（すずき・としのり）

古墳時代前期の元屋敷式期にあたる大平遺跡は掘立柱建物の占める割合が多いこと，大型の建物が多い点など一般集落とは異なる

　大平遺跡は，静岡県西部（西遠江）の浜松市入野町大平に所在する遺跡である。発掘調査は，区画整理事業に伴う事前調査として，浜松市文化協会が主体となり，浜松市教育委員会（浜松市博物館）の指導を受けて行なわれた。現地調査は，1988年7月から1990年3月まで行なわれ，整理報告は1992年3月までの予定である。今までに調査した面積は，約120,000 m²で，うち大平遺跡は約35,500 m²である。

1　遺跡の位置と周辺の遺跡

　大平遺跡を調査する契機となった佐鳴湖西岸の区画整理事業は，約150 haに及ぶものである。地形的には，佐鳴湖と神田川に挾まれた三方原台地の南部が中心である。

　三方原台地は洪積台地であり，たいへん平坦な地形をなしている。この区画整理事業内も一部に開析谷が入り組んではいるものの平坦地が広がっている。用地内の遺跡は，すべて台地面で確認され，今までに，10数カ所を調査した。主なものは，縄文時代後晩期の平地住居をもつ集落である前山遺跡（Ⅰ），古墳時代前期の集落である大平遺跡，古墳時代後期の集落である浦前遺跡，奈良時代の集落である前山遺跡（Ⅲ），村前山東遺跡，平安時代初頭の鍛冶集落である村前山遺跡，12世紀の環濠集落である前山遺跡（Ⅳ）などである。また各地で群集墳（7～8世紀前半）と中世の炭焼窯が確認されている。

　今から紹介する大平遺跡は，三方原台地の最南端部に存在する遺跡である。当遺跡は，一部削土された部分と現住宅地を残して，集落のほぼ全体が調査された。

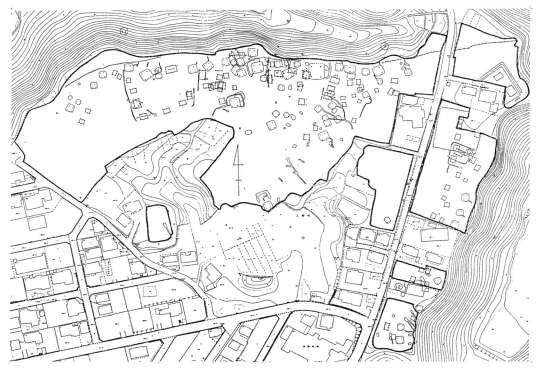

図1　大平遺跡全体図（3,000分の1縮図）

2　検出された遺構

大平遺跡で確認された遺構は，古墳時代前期の竪穴住居跡60，掘立柱建物跡76，方形周溝墓1，土壙48のほか，縄文時代晩期の土器棺2と群集墳9，中世炭焼窯7などである。

竪穴住居跡は，ほとんど平面形が隅丸方形の4本柱の建物跡である。貼床をもつ床面の中央に炉跡が確認されている。掘形の周辺には壁溝が存在し，そこから排水溝が谷の方に延びている。また通常の竪穴住居跡は一辺が5～6m前後であるのに対し，この遺跡では7m以上のものが9軒分存在し，しかも12mを越える超大型住居跡も存在する。全般的に当遺跡の竪穴住居は，大型のものが多いと言えよう。

掘立柱建物には，地床式住居，同倉庫，高床倉庫が存在すると推定されている。検出された建物跡がどれにあたるのか決めることは難しい。掘立柱建物跡は梁間（短辺）が1間，桁行（長辺）が2間もしくは3間のものがほとんどである。その他，棟持柱を妻側よりも外に出すものが3棟分，棟持柱を妻側よりも内に入れるものが1棟分（3間×5間），2間×3間のものが10棟分，4間×4間のものが1棟分存在する。長辺が6mを越える大型の建物跡は14棟分存在する。棟持柱を妻側よりも外に出すものと，寄棟造と想定される棟持柱を妻側よりも内に入れるもの，4間×4間のものはいずれも大型に属する。

土壙は，楕円形の浅い穴で，大小はさまざまである。覆土は有機質が強く，小礫や土器片を多く含むものであり，また原則的に竪穴住居跡の周辺に存在していることから，ごみを捨てた穴と考えられる。この集落の中には，墓と考えられる土壙墓は1基も確認されなかった。

方形周溝墓は，集落の南端部で発見された。一辺約10mの溝をコの字形に巡らすものである。削土されていなければ，10～20基の方形周溝墓が存在したと推定される。

3　集落の構成

大平遺跡の集落は，竪穴住居と掘立柱建物で構成されていることから，古墳時代としては一般的と言える。しかし掘立柱建物の占める割合の多いこと，大型の建物が多い点など一般集落とは異なっている。さらに集落は北縁に柵列をもち，布掘の溝（垣根か）で分割されている。また堀や柵列や垣根で囲まれた建物が存在するなど，今までに類例がない。

柵列は集落の北東の角から，西の角まで台地の縁辺部に，一部流出したりして切れている部分もあるが，360mにわたって存在している。なお集落のほぼ中央あたりでは，もともと柵列は切れていたようである。柵列の柱穴の掘形は，残りの良いもので直径60～70cm，深さ検出面から50cm，柱根は20cm前後と太いことから，板塀の存在を推定している。

集落内を分割するような布掘の溝は，4ヵ所で確認できた。ほぼ50m間隔で存在する。布掘の溝の中には，小ピットが確認されるのみで，柱のようなものを立てていた痕跡はないことから，杭などを打って垣根（柴垣）を作っていたものと推定される。

集落の北東部には，堀や柵列や布掘の溝（垣根）で囲まれた建物が存在している。

堀で囲まれた家は，最も北に位置する。堀は，幅約1m，深さ約30cmで，一辺が約30mの正方形に巡らされていたようである。堀の内側には柵列が存在する。建物は，北東隅に4間×4間（7×7m）の掘立柱建物跡が存在する。この建物の西側にも掘立柱建物跡が1棟分存在していたようである。堀と柵が正方形に巡らされていたと推定したが現況地形図からすると，長方形であった可能性もある。北東隅の建物を母屋と考えるには，やや小規模のようである。未調査部分にそ

図2　北東部囲いをもつ建物群

存在を推定しておきたい。

　柵で囲まれた建物は，北東部が未調査であるが，現状では母屋と考えられる建物は見られない。調査は 3/4 以上行なわれていることから母屋が存在するとすれば，北東部にしか推定できない。しかも一辺 10m を越えるような超大型のものの収まる余地は存在しないと思われる。柵は，一辺が約 33m の正方形を呈している。柵列内には，現状で2棟分の掘立柱建物跡が確認されている。1棟分は2間×3間（4×4.5m）で，中央のやや南寄りに存在する。もう1棟分は東側中央に存在するが，北端が未調査部分になっているため，規模は明確でない。

　垣根で囲まれた建物跡群は，柵で囲まれた建物跡群と切り合っているが新旧関係は明確でない。さらに垣根で囲まれた建物跡群は，3棟の掘立柱建物で構成されていた時期と，1棟の大型掘立柱建物で構成されていた2時期が存在するようである。大型の掘立柱建物跡は，1間×3間（4.5×6.5m）で，棟持柱を妻側よりも外に出すものである。柱の太さは15〜20cm前後で，掘形は直径100cm弱存在する。また柱を据えた後，版築状にしっかり根堅めが行なわれている。建物の向きからみて，内側の布掘の溝（垣根）が伴うものと思われる。

4　まとめ

　出土遺物は，現在整理途中であり，詳しく説明することはできない。主だったものには，古式土師器の他に，鉄製鍬先，柳葉形の鉄鏃，砥石などが確認されているに過ぎない。遺物に関して言えば，それほど目立つものは存在しない。

　出土土器から，集落の年代は，古墳時代前期の元屋敷式土器と呼ばれる時期に収まるものと思われる。その元屋敷式土器の中でも，古い段階（S字甕赤塚分類B類）のものが目立つ。ただし5世紀に降る土師器を出土する竪穴住居跡も存在することから，すべてが古墳時代前期とするわけにはいかないようである。なお元屋敷式土器は伊勢湾沿岸地方に広く分布する土器様式であり，当地域はその東限に当たる。

　東西 400m に及ぶ集落は，①北東部──囲いをもつ建物群（掘立柱建物）で構成される空間，②中央部──主に大型竪穴住居と掘立柱建物で構成される空間，③中央部西──主に掘立柱建物で構成される空間，④西部，南部──小型の竪穴住居と掘立柱建物で構成される空間，の4つのまとまりが存在すると考えられる。

　①は掘立柱建物も住居と考えれば集落で最も有力な者の居宅と考えられよう。そして掘立柱建物が住居ではないとすると何らかの別の解釈が必要になる。たとえば政の場とか祭祀の場などを想定しなければならなくなる。

　①を前者と考えれば，②の大型竪穴住居は，①に次ぐ階層の居宅と言えようか。しかし後者の考え方に立てば，最有力者のふだんの生活の場と推定することができる。そしてこの空間自体は，集落の有力者たちの居住空間といえよう。

　③は倉庫群とそれを管理する者の住居空間と考えられ，もともとは柴垣で囲まれていたと推定される。

　④は，有力者に従属する者たちの生活の場ではないかと推定される。しかしそれでも一般集落と比べ，掘立柱建物の比率が高く，ある職能をもって従事した者たちだったのかもしれない。

　掘立柱建物の機能の評価によって，集落構造の評価はずいぶん異なるが，大平遺跡に限ってみれば，建物の大小に係わりなく高床倉庫と考えられる柱の掘形は大きく，それ以外の土間作りの倉庫や住居は，小さい傾向にある。高床倉庫が多く存在するのは②と③の空間である。③は倉庫群であることから当然である。②は有力家族の居住空間と推定されることから，各有力家族でも相当の倉庫を管理していると言えようか。

　最後に①もしくは②に居宅を構えたこの大平遺跡の最有力者は，いかなる身分の持主だったのであろうか。大平遺跡の周辺には，佐鳴湖を挟んで入野古墳と呼ばれている基底径 40m ほどの円墳が存在するのみである。それも中期の古墳と考えられている。いずれにせよこの地域には大型の前方後円墳は存在しない。また囲いのある建物を最有力者の屋敷と考えたとしても，その規模は一辺30m 程度で小型であることから，当遺跡を豪族集落と考えるには無理がありそうである。それでも一般集落とは考えられず，支配者層を構成する者の集落であろう。結論的には，豪族を支援し，補佐し，支配者層を構成していた者が居住した集落と推定することはできないだろうか。多分に想像ばかりであったが，今後の整理の中で詰めていきたい。また多くの研究者にご教示願えれば幸いである。報告は来年度刊行予定である。

●各地の住居跡●

静岡県古新田遺跡

浅羽町文化財審議委員
柴田　稔
（しばた・みのる）

古墳時代中期後半を中心とする古新田遺跡では竪穴住居跡と60棟
近い掘立柱建物群が台地上ではっきりと区別されて立地している

1　遺跡の位置

古新田遺跡は，静岡県磐田郡浅羽町浅羽字古新田に所在する。

この地点は，小笠山塊の西麓にあたり，水田面との比高約12mの低位の段丘となっている。段丘は，侵食が進み，開析谷が手指のように発達し，谷地形は湧水源となっている。

眼下は，太田川・原野谷川が形成した標高5m前後の沖積平野となっている。磐田原古墳群で著名な磐田原台地とは，この平野を挟み，直線距離で約5kmで対峙している。

2　遺跡の概要

本遺跡から検出した遺構は，竪穴住居跡約27軒，掘立柱建物約70棟，土坑約70基などである。

遺物には，縄文時代に属する石器，弥生時代後期の土器，古墳時代中期の土師器・須恵器・石製模造品，古墳時代後期から奈良時代に属する須恵器，中世の陶器や古銭などがある。これらのうち，大半は古墳時代中期でも後半に属する遺物であるが，弥生時代の遺物も少なくない。しかし，縄文時代の遺物や，古墳時代後期から奈良時代の遺物は，点数にして十数点程度しか発見されていない。

遺構については，伴出遺物や形態などから所属の時期を検討した。約27軒の竪穴住居跡は，9軒前後が弥生時代に属することが確実となっている。約70棟にのぼる掘立柱建物は，梁間1間・桁行2〜3間の建物など10棟前後が弥生時代に属すると考えた。また，各1点ではあるが，奈良時代の須恵器小片を出土した掘立柱建物2棟は，奈良時代に属すると考えた。しかし，3-12Hのように，弥生時代の可能性を考えながらも，時期を決しかねているものも少なくない。土坑は，中世の墳墓や，弥生時代の土坑などを除くと40基前後が古墳時代中期に属すると考えられる。

図2は，上記のような操作をした後に作成した古墳時代中期の遺構配置概念図であるが，土坑の大半や，建物が復元できなかった小穴群は図から

図1　古新田遺跡建物配置（中央部が「コ」字状配置の建物群）

削除してある。また，調査が完了していない段階などで，確定できない建物の一部も図化していない。

3　遺構の分布と特徴

竪穴住居群と掘立柱建物群とは，前者が台地の北縁に添って点在し，後者が台地中央部を中心に分布している。両者の間には，整然とした区画などはないが，一目で両者が区別されて立地していることがわかる。

土坑は，遺跡全体に分布しているが，掘立柱建物群に隣接した例が多い。また，4-3J上層などは，遺物の出土状況が土坑と類似している。土坑で注目しているのは，3,000点を越える石製模造品を出土した4-3Dや，同一個体須恵器の破片が分散して出土した4-6Dと3-10Dなどである。

掘立柱建物は，その方位によってA〜F群に分けて考えることができる。方位は「コ」字形の配置をとった場合には，東・南・西向きのようになるが，南北方向を基準として換算した。また，方位の測定は，数度の誤差を無視しているし，調査が完了していない段階のため，個別のデータにも均一性を欠いている。したがって，今後若干変動する可能性はある。

次にこれを分類した状況を示す。

A群　おおむね南向きの建物。やや西向きの例もある。

1-5H，2-6H，3-14・17・21H，4-4・7・9H

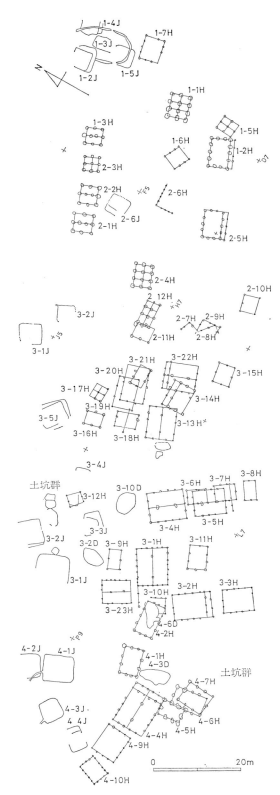

図2 古新田遺跡遺構配置図（古墳時代中期）

B群　6～13度東向きの建物。
2-9～12 H, 3-15 H, 4-5・6 H
C群　17～24度東向きの建物。
1-1・2 H, 2-1～5 H, 3-13・16・18～20・22 H, 4-1 H
D群　52～58度東向きの建物。
3-1～8・23 H
E群　62～69度東向きの建物。
3-9～11 H
F群　A～E群のいずれにも属さない建物。
1-4・6 H, 2-3・7 H, 3-12 H, 4-11 H など

　以上の分類が有効か否かは，今後さらに検討を加えなくてはならないが，ここでは有効であるという前提で考える。
　個々の遺構では，時期を判断する資料が得られないものも少なくない。しかし，これらを群としてとらえると，A～D群に属する例は，TK 208型式併行の須恵器や，石製模造品など5世紀代の遺物を出土する柱穴を必ず伴っていると同時に，6世紀以降の遺物は全く見られないため，相対的評価としては，5世紀後半代の遺構と考えることができる。E群については，5世紀後半代であることを判断できる資料は伴っていないが，同時に6世紀以降であることも判断できない。F群も同様であるが，3-12 Hなどの弥生時代の可能性を持つもの以外の大半は5世紀代の遺構であろう。
　建物は重複しているが，その切り合いから時期の前後関係が判断できた資料は2例しかない。それらを記すと次のようである。
　4-6 Hと7 Hは，2カ所の柱穴で切り合いが見られるが，いずれも4-6 Hが4-7 Hを切っている。4-6 HはB群に属し，4-7 HはA群に属しているから，A群の方がB群より古いことになる。
　3-14 Hと22 Hは，1カ所の柱穴で切り合っている。ここでは3-14 Hが22 Hを切っているように見えた。したがって，C群の方がA群より古いことになるが，やや不確実である。
　以上のわずかな資料から見れば，C群が最も古く，A群→B群の順になる。
　D群は同一群での切り合いは見られるが，他の群とは重複していない。ただ，整然としたD群の配置を考慮に入れると，B群に属する4-2 Hとの間に違和感があり，B群とD群は同時に存在しなかったのではないかと思われる。このように考え

ると，D群はA・C群と共存したか，どちらかと共存した可能性が指摘できる。

A〜D群の分布を見ると，A〜C群は遺跡全域に分布し，D群は遺跡中央部西よりに集中している。また，これらの分布状況を整理すると，遺跡の西側の部分，中央部西より，中央部東より，東側部分の4ヵ所に大別して見ることができる。

東側部分では，1-1H以下6棟の倉庫群と2棟の庇付き建物が整然と配置されたC群が目立つ。西側の部分にはA〜C群が1〜3棟分布するが，4-7Hの東側から南側にかけての土坑群が目立つ。中央西よりの部分には，D群が「コ」字状の配置で整然としているのが目立つ。中央東よりの部分には，A〜C群が分布しているが，ここでもそれぞれの群で規格性が見られる。

遺跡中央東よりの部分に見られるA〜C群の規格性について今少し検討してみる。

A群は，間仕切りを持つ梁間3間，桁行3間（5.2×6.5m）の建物が前面にあり，背後に梁間2間，桁行3間（2.9×5.0m）の中型の建物と梁間，桁行各2間の倉庫とで1群を構成している。B群は，2-9Hを中心にして前面の左右に3-15H（3.7×4.8m）と2-10H（3.5×4.1m）の建物が配置され，背後には，倉庫ないしは納屋と思われる2-11・12Hが配置され1群を構成している。C群の場合，3-13Hと3-22Hが棟を90度違え併存している。この両者は，梁間4間，桁行5間（3-13Hで5.4×7.9m）でほぼ同規模であり，棟持柱を持つなど共通した点も多い。両者の背後には3-20・21Hがある。また，3-16Hは2間×2間の倉庫と考えられる。3-18Hは方位の点から見るとC群に属するが，構造にやや疑問がある。

このように見ると，この部分でも，主屋，脇屋，納屋ないし倉庫が規格的に配置されていることが理解できる。

4　各建物の特徴

竪穴住居については別に記すとして，掘立柱建物にはいくつかの形態が見られる。

総柱式建物は，11棟が考えられる。1-1Hと2-4Hは本遺跡では大型に属する。2-4Hの場合梁間2間，桁行3間（4.0×5.3m）で柱穴は方形に近い。1-3H，2-1・2Hは2間×2間で中型の建物であるが，束柱が1本多い特徴がある。

1-2H，2-5Hは，南側に庇を持つ建物になるであろう。

庇あるいは目隠しを持つ例には3-2・3・5Hがある。この内，3-2Hは庇と考えて良いと思うが，他は目隠しの可能性もある。

3-1・4・5・13・22・23Hは建物内に棟持柱を持っている。この類は大型のものが多く，3-1Hの場合梁間6間，桁行7間（7.0×8.6m）で，主屋的存在である。この形態の建物は柱穴が比較的小さくて深い傾向がある。また，棟持柱穴には，深さ0.7mに達する例もある。

前記の例から棟持柱を除けば，平面形が類似する例に3-2・3Hがある。

4-4Hは，梁間5間，桁行7間（7.6×10.4m）で本遺跡最大である。東側の1間を庇と考えるか，間仕切りと考えるかは検討したい。また，先の例で見る棟持柱とも考えることができる柱穴は他の例に比較すると，深さ0.25mと浅く，束柱の可能性がある。

4-1・2・5〜7Hや3-14Hは，柱穴が大型で，その点から見れば1-2Hや2-5Hに類似している。また，3-14Hは北側に間仕切りがある。

以上の他にも指摘できる特徴はあるが，今後，検討を加えた上で報告したい。

5　まとめ

当稿をまとめた3月末日現在，調査は完了していない状況にある。このため，十分な資料の提供ができなかったことは遺憾に思う。これまでに知り得たことも少なくないが，十分に検討できていないのが実情であり，1点だけを指摘して終わりとしたい。

本遺跡からは，静岡県での状況としては多量といえる5世紀代の須恵器が出土しているが，これらは，すべてTK 208型式併行と考えても良いものばかりである。多量に出土した土師器の中に，TK 208型式併行以前の時期があるとしても，極端には遡り得ない。このことは，本遺跡で検出された60棟近い掘立柱建物群は，いくつかの重複は見られても，比較的短期間にのみ存在したと見て良いように思われる。

なお，本遺跡の周辺には有力な古墳群はみられないが，遺跡から約1km東方の山稜上には，同時期と思われる径約30mの円墳が所在している。この規模は，遠江地方の古墳からみれば中型の円墳であるが，原野谷川の下流域を形成している浅羽平野では最大の古墳であることを指摘しておく。

●各地の住居跡●

鹿児島県王子遺跡

加世田市教育委員会
■ 立神次郎
（たてがみ・じろう）

弥生時代中期末から後期初頭の王子遺跡では26棟の竪穴式住居跡
と12棟の掘立柱建物跡が発見されたが，共存するのが特徴である

王子遺跡は，鹿児島県鹿屋市王子町王子および下祓川町小原にあり，鹿屋市街地の北東約2kmの北東へ拡がる標高約72mの姶良カルデラの噴出物である入戸火砕流堆積物（シラス）によって形成された笠野原台地北西縁辺部に位置し，遺跡の西側は約40m以上の縣崖となり，低地は高隈山地に源を発する肝属川の堆積によって形成された沖積地である。

東西約300m，南北約30～50mの鹿屋バイパス建設予定地約11,000m²を1981年より3ヵ年にわたり調査した結果，弥生時代中期末から後期初頭にかけての竪穴式住居跡26棟，掘立柱建物跡12棟（棟持柱をもつもの6棟），土壙を伴う特殊遺構2棟，土壙4基，溝状遺構2条，円湟をもつ円形の遺構1基などが検出されている。

1 住居址の形態・内部構造

本遺跡の集落内の住居構成は，竪穴式住居と掘立柱建物とが共存する集落遺跡である。

竪穴式住居 住居跡の平面形状は，九州地方にみられる方形平面と円形平面とに2大別でき，方形平面が大半である。方形平面のタイプは，ベッド状張出しの形状の住居を含み，上屋を支えるための2本の掘立柱と南側中央の壁際に設けられた土壙からなり，円形平面タイプは，上屋を支えるための5～6本の掘立柱と住居の中央に設けられた土壙からなるのが基本的な形状である。

方形および隅丸方形を呈するもの（Aグループ）は，小型の住居址で7棟が検出され，規模は面積が6.6m²～11.3m²の範疇におさまり，最大が長辺3.8m，短辺3.0m，床面積11.3m²を測る。正方形平面タイプは1棟のみで，そのほとんどが長方形平面か隅丸方形平面である。主軸方向はN83.5°E～N90°Eを示し，大きな差異は認められないが，N110°Eを示すものが1棟ある。このタイプの住居址は，主柱穴の柱間が狭く，南側中央の壁際には土壙を設け，土壙内に柱穴状の掘形2本をもつものがほとんどで，比較的土壙は浅いものである。総じて残存壁高は浅く，中には55cm

を測るものが最大で，炉などの施設の痕跡は検出されていない。これらの住居址の中に，土壙をもつが主柱穴2本を欠くもの（1棟），主柱穴や土壙などの施設が基本的タイプの住居址と異なるもの（2棟）なども検出されている。

ベッド状張出しをもつもの（Bグループ）が10棟検出され，このほかに遺構の大半が調査区域外へ延びているものが3棟ある。この多角形平面をもつ住居址は，基本的にAグループの住居址にベッド状の張出しの施設を加えたような形状のもので，主柱穴の柱間は広く，南側中央の壁際に比較的深い土壙を設け，柱穴状の掘形2本をもつものがほとんどである。総じて残存壁高はベッド状遺構をもつために深く，最大で86cmを測り，炉などの施設の痕跡は認められない。これらの住居址は，平面形状，規模，張出し部の形状や位置，主柱穴，土壙と土壙内柱穴状の掘形，壁帯溝などに変化が多く認められる。

住居址の規模は，方形平面を基本に，その平面形に張出し部を設けた多角形平面の形状をもつもので，長辺が6.0mと5.3m～3.9mを測る範疇にある。長方形平面に張出し部をもつものの最大が6.0m×5.2m，最小で3.8m×3.6mを測り，正方形平面に張出し部をもつものは4.9m×4.9mである。中には西側壁が弧状で南側から東側にかけてが方形状を呈し，方形平面と円形平面を融合したような形状のものもある。主軸方向はN73.5°E～N90°Eを示し，大きな差異はみられないが，N65°Eを示す住居址もある。張出し部の設置形態は，北側にもつ例が8棟を数え，うち1棟はわずかに張出し，南西部にもつもの5棟，南東部にもつもの4棟がある。個々の住居址では，三方へ張出すもの3棟，二方へのもの2棟，一方だけのもの5棟がある。ベッドの設置形態は，二方または三方へ張出すために，張出し部がベッド状となるものや壁面に沿って二辺にまたがるもの，三辺にまたがるものもあり，これらを組合せる住居址もある。ベッド状遺構の設置方法は，切

74

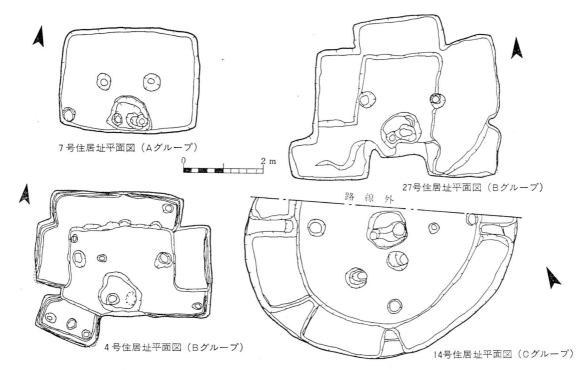

王子遺跡の住居跡（鹿児島県教育委員会『王子遺跡』1985 より）

出しだけによるもの，切出しと貼付け調整によるものとがあり，併用しているものがほとんどである。

円形平面を呈するもの（Cグループ）は，5棟が検出され，うち1棟は小型の特異な形態で，他は大型の住居址で，2棟は遺構が調査区域外へ延びている。全容を知り得る住居址の規模は，7.5m×6.9mと7.9m×7.2mを測り，主柱穴は5本～6本で，住居址中央に土壙を設け，土壙内に柱穴状の掘形が2ヵ所や複数あるものもある。円形住居址には，周縁内側すべてに主柱穴を取り囲むような形で，ベッド状遺構を廻らすもの，南西周縁の一部外側にベッド状の張出しを設け，1ヵ所に突出状の障壁を備え，張出し部以外の周縁内側にベッド状遺構を配しているもの，調査区域外へ延びる住居址で，周縁内側から4ヵ所に突出状の障壁を壁途中から設け，障壁間はベッド状遺構となり，住居平面形が花弁型を呈するものなどがある。総じて残存壁高は深く，最大で90cmを測る。ベッド状遺構や床面は貼付け調整され，壁帯溝などの施設を認めるものもあり，すべての住居址において炉などの施設の痕跡は認められない。

掘立柱建物 掘立柱建物の用途に住居や倉庫などの考え方がある。

掘立柱建物は，調査区域外へ延びる2棟を含めて12棟がある。桁行・梁行ともに平地上に掘立柱を用い，さらに妻側に独立して棟木を支える棟持柱の掘形のあるもの（Aグループ）が6棟あり，桁行・梁行ともに1間のものが4棟と桁行2間・梁行1間のもの（Bグループ）が1棟で，2大別できる。規模は大型の建物が桁行4.5m～5.0m，梁行3.7～3.9mで，棟持柱間6.8mを測り，小型の建物が桁行2.9m～3.0m，梁行2.3m～2.6mで，棟持柱間3.7mを測る。Aグループの建物には，2間×2間のもの，4間×3間のもの，北側桁行4間で南側桁行5間，梁行はともに3間のもので，平面形が不整形で桁行側柱の柱筋が揃わない建物もある。Bグループの建物は倉庫の用途が考えられる。

2 おわりに

本県では，これまで弥生時代の住居址が発見されているが，確認調査などの小範囲の調査のために住居址の個々の形状や集落構造を知り得る資料はなかった。しかし，本遺跡の発見やその後，1985年国分市上野原遺跡[1]，1988年鹿屋市前畑遺跡[2]などで竪穴式住居と掘立柱建物とが共存する

75

集落遺跡が発見され，本遺跡を含めて集落構造や個々の住居址についての性格など課題が多い。

　本遺跡の竪穴式住居址は，弥生時代中・後期における九州地方の竪穴住居の一般的な形態をもつが，主柱穴2本の小型住居を主として，中・大型住居が少なく，掘立柱建物と共存し，とくに棟持柱付の掘立柱建物などが存在することがこの集落構成上の特徴で，住居址個々の形態として，主柱穴，ベッド状の遺構，土壙と土壙内柱穴状の掘形，張出しをもつ遺構など，他地方では類例の少ない施設を備え，大きな地方的特性をもつ遺跡である。

　住居址個々の時期は，在地の山ノ口式土器を主体に瀬戸内系や北九州系の土器などが共伴し，また住居址内の出土遺物の床着が少なく全容を知り得ないためにセット関係まで言及されず，この在地の土器が外来系土器との関係で再考の余地が考えられ，解決されてない現状である。

　住居址の平面形や個々の形態からAグループからCグループに分類した。Aグループの住居においても基本的形態の住居，略方形状で主柱穴2本を取り囲むような掘形をもつ住居，住居址の内部構造が基本的タイプを異にする住居などに細分類でき，住居の用途や機能などに違いを感じさせる住居址で，南九州においては初見である。北九州では，弥生時代中期以後に円形住居に替わって後期終末近くまで続き，宮崎県では終末の宮崎市熊野原遺跡B地区12号住居跡[3]などがある。

　Bグループの住居は，基本的にAグループの住居にベッド状張出しの遺構をもつ多角形平面の形状を呈するものである。このベッド状遺構は中期末葉以降の方形平面住居の盛行とともに発達し，その設置形態は竪穴側壁に沿って幅1m以内で，長さが長方形平面の短辺いっぱいにとるもの，竪穴壁の二辺にまたがるL字型のもの，三辺にまたがるコ字型に配し，これらのうちの二組を組合せたものもある。ベッド状遺構の用途は，その大きさと形状から就寝の場とする考え方がある。これらの住居址には，類似性を保ちながら住居址それぞれに特徴をもつ機能が考えられ，ベッド状遺構の特殊性を考慮し，集落内における身分制度や家族構成による年齢階級が芽ばえ，身分の差があったのか住居址からは言及できなかった。南九州では初見であり，「王子型住居」と呼称できる住居址で，鹿屋市中ノ丸遺跡[4]や同前畑遺跡にもみら

れる。

　Cグループの住居は円形平面で，ベッド状遺構を廻らし，中央に土壙をもつ点では類似性をもつが，屋内施設状況の違いは集落内での性格の異なる建物を示している。平面形が「花弁型」のものは，中期末葉から後期初頭に本遺跡にみられ，後期前葉の宮崎県都城市堂地東遺跡[5]ではさらに多弁化した大型住居に発展し，張出し部にベッドをもたないものもみられ，後期末葉の都城市祝吉遺跡[6]や宮崎市熊野原遺跡に引き継がれるとの見方もある[7]が，九州南部地方における地方的特色を示す住居形態である。

　本遺跡は集落構成で，棟持柱をもつ建物および大型円形の住居など独特な機能を備え，分散配置されている。またこの建物を中心として，数個の小型住居から成る単位集落の問題[8]や神殿あるいは集会場としての棟持柱をもつ建物，首長とその家族のための大型住居，高床倉庫，一族郎党の小型竪穴住居群から成るものと推定される[7]との提言もなされている。

　註
1）　長野真一「鹿児島県上野原遺跡」日本考古学年報39，1989
2）　鹿児島県教育委員会により調査。1990年報告書刊行予定
3)5)　宮崎県教育委員会『宮崎学園都市埋蔵文化財発掘概報』Ⅱ〜Ⅲ，1981〜2
4）鹿児島県教育委員会『中ノ丸遺跡』鹿児島県埋蔵文化財発掘調査報告書48，1989
6）都城市教育委員会『祝吉遺跡』都城市文化財発掘調査報告書 2，1982
7）宮本長二郎「九州地方の弥生時代住居」『王子遺跡』鹿児島県埋蔵文化財発掘調査報告書34，1985
8）河口貞徳「王子遺跡に関する趣意書」の報文による。1983

縄文後期の丸木舟が発見された
福井県ユリ遺跡

鰣川水系にあたる福井県三方郡三方町のユリ遺跡夏浦地区で縄文時代後期初頭の丸木舟が発見された。丸木舟はほぼ完形で，全長5.22m。細身の大変浅い構造が特徴である。現在の三方湖よりも南側に入り込む「古三方湖」の湖沼が存在したことを裏づける貴重な出土遺物となった。

　　　　　　構　成／田辺常博
　　　　　　写真提供／三方町教育委員会

ユリ遺跡夏浦地区全景　岬状内湾部に低湿田が広がる

舟底内面の削り出しによる横帯細部（舟尾側）

丸木舟の出土状況（舟尾部より）

福井県ユリ遺跡

U29トレンチ北壁での丸木舟検出状況　舟首部右舷

湖底部での中津式深鉢（縄文時代後期初頭）の出土状況

鳥浜貝塚出土1号丸木舟（舟尾部より）

鳥浜貝塚出土2号丸木舟（舟尾部より）

高地性集落と古墳群
大阪府寛弘寺遺跡

大阪府南河内郡河南町西部の丘陵上に所在する寛弘寺遺跡で，弥生時代中期末から後期後半にかけての大規模な高地性集落や古墳時代前期から終末期にかけての中小規模の古墳71基が検出されている。高地性集落は，140棟に及ぶ竪穴式住居群で構成され，中には石器製作工房と考えられる住居や小銅鐸を出土した住居もみられる。また，特異な墳丘内暗渠を備えた大型の終末期古墳も検出されている。

　　構　成／上林史郎
　　写真提供／大阪府教育委員会

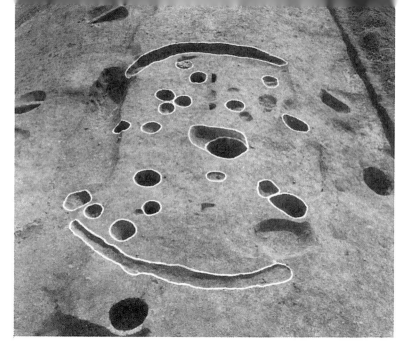
竪穴式住居3010（北から）

サヌカイト片貯蔵穴（東から）

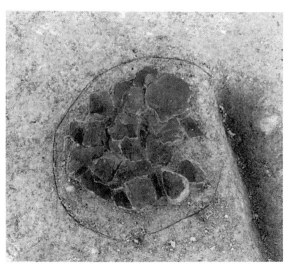
サヌカイト片貯蔵穴第2面（西から）

住居3010出土石鏃

同石錐

同石鏃

大阪府寛弘寺遺跡

寛弘寺45号墳全景（南から）

東側墳丘内暗渠（南から）

玄室東側壁（西から）

墳丘内暗渠下部（南から）

●最近の発掘から──────────────────

縄文中～後期の低湿地遺跡──福井県ユリ遺跡夏浦地区

田辺常博　三方町立郷土資料館

ユリ遺跡夏浦地区は，鰣川水系西側の高瀬川左岸域で，福井県三方郡三方町鳥浜97号西夏浦，98号東夏浦の水田に位置する。この鰣川水系は沖積氾濫原の水田を形成し，沈水湖盆形態の名勝三方五湖の三方湖に注いでいる。

この鰣川水系流域平野の水田部は，昭和58年から県営圃場整備事業が実施されており，遺跡の発掘調査も圃場整備の実施計画に併せ，三方町教育委員会が行なっている。

今回のユリ遺跡発掘調査は，平成元年度の夏浦地区範囲確認調査として3月5日から3月30日まで実施した。なお，東側の弁天地区範囲確認調査は，今秋に実施し，両地区全体の本調査を平成3年度に実施予定である。

1　遺跡の位置と環境

鰣川水系に分布する遺跡は，分布域を地形の特徴から本流の鰣川より西側と東側にわけられる。西側は，海抜300m前後の低山地から東へ岬状に派生し，この岬状内湾の陥没した山沿いの畑地および小河川により形成された扇状地面の水田に分布するのに対し，東側では，主として三方断層により発達した断丘面や崖錐上の氾濫原などに遺跡分布がみられる。

なお，水田部に分布する遺跡の多くが複合遺跡で，泥炭層をともなう低湿地遺跡の様相をもち，泥炭層にはシルトが互層され，木製品など遺物の包含がみられる。

西側分布域の縄文遺跡は，ユリ遺跡（②）と同じ岬状に派生する椎山丘陵の山沿い東0.5kmの先端部に縄文前期を主体とする貝塚をともなう低湿地遺跡の鳥浜貝塚（①），南西0.5kmには牛屋遺跡（③），同じ南西1.0kmに北寺遺跡（④），南対岸1.4kmに仏浦遺跡（⑤），南対岸裏1.6kmに田名遺跡古след谷前地区（⑥）が分布している。東側分布域の縄文遺跡は，南東2.5kmに藤井遺跡（⑦），東南東1.5kmに江跨遺跡（⑧），東北東1.0kmに市港遺跡（⑨）の鰣川水系で9遺跡が確認されている。これら，9遺跡の中で前期の包含層を主体とする鳥浜貝塚を除き，他の遺跡から出土する縄文土器は，中期の範疇から後期前半を主体としている。

2　遺跡の概要

ユリ遺跡は，昭和初年頃から知られていた遺跡で，山沿いの畑や梅園の耕作中などで弥生土器，磨製石斧などが表採され，遺跡台帳では弥生時代を主体とする遺物散布地として登録されていた。

今回の範囲確認調査は，東0.5kmに所在する鳥浜貝塚との関連も含め，圃場整備で設置される山沿いの水路箇所にトレンチを設定し約75m²調査している。この夏浦地区の水田は，強湿田で耕作地として不適なところであったが，このため，植物遺体を良好に残す木本質泥炭層が厚く堆積しているトレンチでは，湖沼地の深みだった特徴をそなえている。

出土遺物は，U29トレンチから当時の湖底部の浅瀬（海抜約2.6m）と考えられる砂礫土の上面より丸木舟，またU29トレンチより西約20mに設定したR29トレンチの湖底部（海抜約2.2m）から波状口縁をもつ縄文時代後期初頭の中津式の磨滅がすすんだ深鉢が出土している。また，W29トレンチでは後期初頭当時の湖底より下層のシルトを互層する木本質泥炭層から中期の船元式の深鉢破片，石錘などが出土している。丸木舟が出土したU29トレンチでは，後期初頭の湖底砂礫土下層の混礫有機質粘性土から早期の押型文土器破片，局部磨製礫石器が出土している。なお，背後に広がる小規模な扇状地面が当時の居住地と想定され，土器，石器の出土遺物はここよりの流れこみによるものと考えられる。

3　ユリ遺跡出土の丸木舟について

丸木舟は，先述したように現在の水田面より約55cm下の海抜2.6mの浅瀬湖底に舟首を東に向け（主軸方位N72°20′E），舟尾よりの右舷を一部欠く以外は完形を保ち，ほぼ水平な状態で出土した。舟底内面には，埋没した時点に堆積したと考えられる分解質有機物を混入する砂が3cm前後の厚みをもち残っていた。

舟を観察すると主軸での全長が5m22cm，幅は舟尾部56cm，舟首部で51cmとやや舟尾部が広い。また主軸より左右均等でなく，左側がやや広く加工されている。深さは，舟尾，舟央，舟首とも9～10cmと均等に浅く加工され，厚みは，3～5cmある。

形状は，舟尾，舟首ともに先端が尖るいわゆる鰹節型を呈し，舟底内面には，舟尾先端より40cm，舟首先端より65cmおよび舟中央から舟尾より60cmのところに横帯が3個所削り出されている。横帯の削り出しは，舟

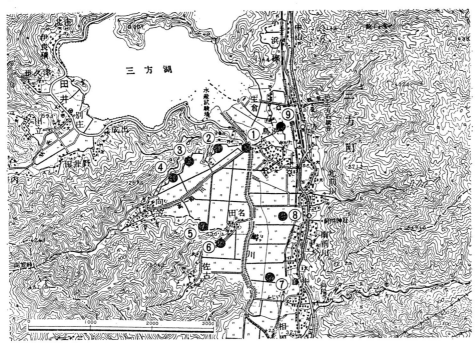

鰤川水系流域分布の
縄文遺跡
①鳥浜貝塚
②ユリ遺跡夏浦地区
③牛屋遺跡
④北寺遺跡
⑤仏浦遺跡
⑥田名遺跡古路谷前地区
⑦藤井遺跡
⑧江跨遺跡
⑨市港遺跡

尾部の横帯では舟底へ徐々に深みをとるように丸みをもち削られるが，他の横帯はこの意識がみられない。舟底内面には，加工の際火で焦しながら石器で削る工程の焦げ跡が残っている。また，舟首近くの丸く加工された右舷端部に3条の石器による削り跡が平行して残っている。あるいは，所有者の目印だったかもしれない。樹種は，まだ樹種同定を行なっていないが，木目の特徴などから杉と想定される。

このように，当丸木舟は細身で大変浅い構造である。当時の湖沼の状態は，春から秋にかけての水面は相当の菱原だったと思われる。このことから，深みで丸みのある舟底では操舟に負担がかかるため，機能面を考え舟底を極力浅くしたとも考えられる。

4 鳥浜貝塚出土の丸木舟について

鰤川水系の遺跡では，他に鳥浜貝塚から縄文時代前期（1号丸木舟）および後期（2号丸木舟）の丸木舟が出土しているので概略を記する。

1号丸木舟は，前期の北白川下層Ⅱa式土器を主体とする遺物包含層の海抜マイナス1.0m〜マイナス1.2mの地点で舟底外面を下にしほぼ水平に出土している。右舷後部と舟尾はほぼ原形をとどめていたが，舟首を欠損していた。現長が6m8cm，舟尾付近で最大幅63cmを呈し，舟首に向って次第に細くなっている。厚さは，3.5〜4cmあり，また深さは，舟尾付近が最も深く約26cmある。なお，舟底内面の横帯はみられず，樹種は杉である。

2号丸木舟は，前期以降に堆積した有機質土層中のマイナス0.3〜マイナス0.4mの地点で舟底外面を上としてほぼ水平な形で出土している。1号丸木舟と比較して保存状態が悪く，舟底部と舟尾のたちあがりを残していた。現長が3m47cm，最大幅48cm，厚みが3.5〜4cmある。この舟は，^{14}C年代測定により今から3,700年前の後期のものとされ，舟底内面には，削り出しによる横帯が2個所現存し，ユリ遺跡出土の丸木舟と同じ特徴をもっている。なお，樹種は杉である。

5 まとめ

三方湖の東岸に注ぐ鰤川水系に形成される沖積平野には，縄文時代草創期から中世にかけての23の遺跡が濃密に分布している。ここ数年北部の鰤川本流，高瀬川，観音川支流域を中心に発掘調査が実施され多くの成果があがっている。とくに，今回のユリ遺跡夏浦地区出土の丸木舟は，現在の三方湖よりも南側に入りこむ「古三方湖」の湖沼が存在したことを裏づける出土遺物であった。その中で，縄文時代中期から後期前半頃の古三方湖は，遺跡分布状況により現在の鰤川水系の北部沖積地のほとんどを占めていたと想定される。

引用参考文献
福井県教育委員会『鳥浜貝塚―縄文前期を主とする低湿地遺跡の調査3―』1983
福井県立若狭歴史民俗資料館『特別展 いま甦る丸木舟』1985

●最近の発掘から

高地性集落と古墳群————大阪府寛弘寺遺跡

上林史郎 大阪府教育委員会

1 遺跡の位置と調査の概要

　寛弘寺遺跡は，大阪府の東南部，金剛・葛城山脈の西麓に位置する南河内郡河南町寛弘寺・神山の丘陵上に所在する。遺跡の存在は，昭和9年に京都大学の梅原末治博士による古墳群中のツギノキ山支群5号墳の調査によって確認された。調査の結果，5号墳は，直径約30mの墳丘を持ち，二重の円筒埴輪列と，コの字形に配される埴輪列の突出部をもつことが判明した。また，戦後まもなく，森浩一氏により，コの字形埴輪列の付け根付近で，直弧文を有する大型の船形埴輪（約120cm）の優品が確認されている。

　その後，昭和55年になって，寛弘寺・神山丘陵の土地所有者が土地改良法に基づき，農地造成の申請を河南町を経由して大阪府に提出したことにより，本事業は昭和56年に基本設計が実施され，国の認可を経て，昭和57年度から大阪府営事業として実施されることになった。それに伴い，大阪府教育委員会では，丘陵上全域で分布調査・試掘調査を開始した。その結果，東西約0.7km，南北約1.4kmの農地開発対象地全域にわたって，従来知られていた古墳の他に新たな古墳や弥生時代から奈良・平安時代までの遺構が多数確認されたため，年度毎に開発部局と協議を重ねつつ，昭和58年度より造成のため，削平される丘陵を中心に発掘調査を実施している。

　既往の調査で検出された主要な遺構としては，弥生時代中期末〜後期の竪穴式住居52棟・竪穴式建物85棟，古墳時代前期〜終末期にわたる中小規模の古墳71基，飛鳥〜平安時代の火葬墓・木棺墓・土器棺墓16基などがある。

2 高地性集落と石器をつくる住居

　弥生時代の住居遺構は，竪穴式住居52棟，竪穴式建物（倉庫，作業場か）85棟を数える。住居の時期については，弥生中期末が竪穴式住居6棟，竪穴式建物2棟であるのに対して，弥生時代後期後半では竪穴式住居46棟，竪穴式建物83棟となり，圧倒的に後期後半の時期に集中している。今のところ，中期末と後期後半の間の後期前半に属する明確な住居は全く検出されておらず，空白期間が存在する。各丘陵の尾根頂上付近には，古墳の存在と相俟って，確実に弥生時代の竪穴式住居や竪穴式建物の存在が知られ，しかも重複しているものが多い。

このことは，丘陵上で一時的，季節的に集落を営んだものではなく，住居の規模・密集性・土器の多量出土・小銅鐸の存在などから考えると，後期後半の丘陵上における定住を想定することができる。また，丘陵上で検出された弥生時代の集落は，現在の平地との比高は約20mに過ぎないが，いわゆる高地性集落の範疇に属するものであろう。

　次に，平成元年度に検出された竪穴式住居3010は，狭小な丘陵頂部に立地する。平面は円形を呈し，その規模は径7.1m，壁高0.2m，壁溝幅0.3m，同深さ0.1mをはかる。主柱穴は，5本で構成され，各柱間は2.4〜2.6mである。主柱穴の規模は，径0.3〜0.5m，深さ0.35〜0.6mをはかる。炉は，住居の中央部にあり，径0.8m，深さ約0.45mにわたって断面U字状に掘り凹めていた。炉内からは，弥生土器やサヌカイト剝片が出土している。主柱穴3と壁溝の間で，荒割りしたサヌカイト材を敷き並べた小規模な土坑を検出した。小土坑は，径0.35m，深さ0.1mで，浅い皿状を呈している。小土坑内には，5面にわたって，10cm前後に荒割りしたサヌカイト材72片を貯蔵していた。各サヌカイト材は，かなり接合でき，多いもので4片が接合しうる。さらに，住居の覆土や炉の埋土からは，多量にサヌカイト剝片が出土し，炉の北側では完形の石鏃1点，南の壁溝際からは破損した石鏃を再利用した石錐1点が検出されている。

　以上のことから，本遺跡の北東約7kmに位置する大阪府・奈良県境の二上山付近のサヌカイト露頭から，人頭大ほどのサヌカイト塊を持ち帰り，住居周辺で荒割りした後，この小土坑に5面にわたって敷き並べ，貯蔵していたものと考えられる。そして，必要に応じて，小土坑からサヌカイト剝片を取り出して，住居内でも明るい炉端付近で，石鏃・石錐・石槍などの小型品を製作していたものと考えられる。本住居は，壁溝内出土の生駒西麓産の甕の時期から，弥生時代中期末に使用された石器製作工房と考えられる。

3 大型の終末期古墳——寛弘寺45号墳

　寛弘寺45号墳は，東から西へ緩やかに伸びる低平な丘陵上に立地し，山側の斜面を地山整形し，周溝・墳丘内暗渠・墓道・排水溝・石室墓壙を形成している。周溝の

83

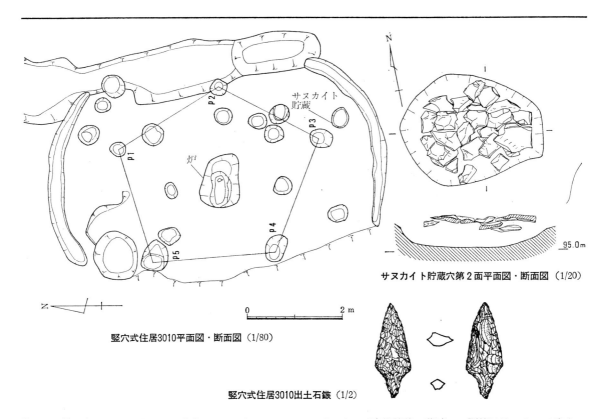

竪穴式住居3010平面図・断面図（1/80）

サヌカイト貯蔵穴第2面平面図・断面図（1/20）

竪穴式住居3010出土石鏃（1/2）

　範囲から墳丘規模を復元すると，南北33m，東西25mの長円形になる。周溝の内側では，大規模な墳丘内暗渠が検出され，石室を中心に長円形に廻っていた。暗渠の規模は，上面幅3.6m，底面幅0.4m，深さ3.2mをはかり，地山を断面V字状に穿っていた。暗渠底面から約0.9mの高さまで人頭大の河原石を敷き詰め，その間隙には拳大の石や小円礫を詰めている。暗渠底面に河原石が敷かれた後，再び暗渠は堅牢な版築によって完全に埋め戻されていた。石室の羨道に続く墓道は，石材や家型石棺を搬入する通路であり，また埋葬祭祀を執行する場所でもある。墓道の掘削は，石室墓壙の掘削と並行して行なわれたと考えられ，その規模及び位置は石室内から一直線上に伸びる排水溝とほぼ重なっている。石材搬入後，墓道中央部は再掘削され，排水溝が構築されている。墓道は，排水溝内に河原石が敷き詰められた後に，平坦に埋め戻され埋葬祭祀の執行場所になる。埋土中からは，破砕された須恵器の甕や杯蓋が検出されている。
　墳丘の中央では，両袖式の大型横穴式石室が検出された。横穴式石室は，天井石が持ち去られているだけで，他の石材は完存していた。石室の規模は，全長9.7m，玄室長4.1m，同幅2.2m，同高さ2.3m以上，羨道長5.6m，同幅1.8m，同高さ2.1m以上をはかる。玄室は，奥壁2段，側壁2〜3段，羨道は1〜3段の石で構築され，表面を切石状に加工した大型の花崗岩を使用し

ている。石室構築後，墓壙は，版築技法によって完全に埋め戻されていた。玄室の床面には，小円礫を敷き詰めた後，大型の家型石棺（組合せ式・凝灰岩製）を南北方向に安置していたと考えられる。家型石棺は，鎌倉時代中頃の石室再利用によって完全に破砕されていたが，その規模は敷石の落ち込み範囲などから，長さ約2.2m，幅約1.4mと考えられる。
　鎌倉時代の石室再利用は，玄室内の家型石棺を完全に破砕し，その破片の一部を床面に整地した後，奥壁際に組合式木棺を2基，東西方向に並列して安置していた。2基の木棺に伴う供献土器として，瓦器椀や土師器皿などが多量に出土している。古墳に伴う遺物は，乱掘をうけていたが，撹乱土中から銀鐶1対を検出している。また，排水溝は，玄室の奥壁，両側壁に沿って環状に廻り，袖部南付近で合流して1条になり，羨道の中央部を通って暗渠状に一直線に伸びていた。古墳の年代については，墓道内で出土した須恵器甕と杯蓋が，埋葬祭祀執行時に伴う遺物と考えられるならば，その年代は7世紀の第2四半期になる。土器の年代は，石室構造や石棺の型式，版築技法の採用時期とも矛盾しない。被葬者像については，古墳時代前期から続く本古墳群周辺を本貫地とした，中央官人層を考えておきたい。
〈参考文献〉　大阪府教育委員会『寛弘寺遺跡・寛弘寺古墳群発掘調査概要Ⅰ〜Ⅸ』1983〜1990

連載講座
縄紋時代史
6．縄紋土器の型式(1)

北海道大学助教授
林　謙作

前回，草創期の土器がすでにはっきりした地域差をしめしており，「型式」としての体をそなえていること，それは（遅くとも続隆起線紋土器Ⅰ期には）かなり安定した地域社会ができあがっていた証拠だ，と考えられることを指摘した。なぜ縄紋土器の型式に，地域社会の動きが反映している，といえるのだろうか。この問題は，いま縄紋研究のもっとも大きな課題のひとつとなっている，といえるだろう。したがって，ここで簡単に満足な答えをだすことはとてもできない相談である。しかし，縄紋土器の「型式」というものがどのようなものか，考えてみることはできるだろう。この問題を吟味せずに，「型式」の背後にある人間の動きを探ることはできない。

縄紋土器の「型式論」をはじめてまとめあげた山内清男が，「型式」をどのようにとらえていたか，多くの論評や解説がある。にもかかわらず，縄紋土器の型式とはなにか，という問題に答えようとすれば，やはり山内の考えを克明にたどってみなければならない。今回は，山内の「型式論」がどのようなものか，その点を吟味しよう。

1.　「型式」の定義

山内は，縄紋土器は「年代によっても地方によっても截然と分かち得ない一体の土器」で，その無数の変化は「地方および時代による変化の雑然とした集合である」ことを指摘する[1]。この雑然とした「器物の羅列」を秩序づけるのが「地方差，年代差を示す年代学的の単位」（傍点筆者）としての型式である[1]。さまざまな人々が，この発言を引用し，注釈をくわえ，批判の的としてきた。しかし，これよりも簡潔に「型式」を定義することはできない。

山内の型式は年代の尺度にすぎない，と決めつける人は，前半の「地方差，年代差を示す」を無視して，この定義を「年代学的の単位」と解釈している[2]。しかし，この解釈はあきらかに間違っている。この文章を，『型式とは，「地方差を示す年代学的の単位であり」，しかも「年代差を示す年代学的な単位」でもある』と読みかえても，意味はまったく変わらない。『「地方差と年代差を示す単位であり」，しかも「年代学的な単位である」』と読みかえることもできる。「型式は年代（だけ）を示す単位である」ならば「年代差を示す年代学的の単位」という文章は，まったく意味のない繰りかえしになってしまう。「地方差と年代差を示す単位」と，「年代学的の単位」は，それぞれべつの意味をもっていると考えなければならない。

ひとつは，研究史のなかでの「型式」にたいする山内の評価である。遺物の特徴にもとづいて，遺物をいくつかのグループにわけ，適当な名称をつけ，それぞれのグループを型式あるいは様式とよぶ，この慣習は，すでに1890年代の坪井正五郎の土器・八木奘三郎の石鏃・大野雲外の石斧などの分類にはじまっている。しかしこれらの「型式」や「様式」は，遺物の特徴をあらわすラベルで，坪井正五郎自身が述べているように，記述の手間をはぶく，という以上の意味はなかった。このような「型式」が，遺物の分類——いいかえれば遺物の特徴を筋道だてて表現する手段——として不十分であることは，すでにこの当時から指摘されていた[3]。厚手（阿玉台）式・薄手（大森）式や，諸磯式・亀ヶ岡（出奥）式など，いくつかの土器のラベルもできていた。しかし，なぜこのような変異がうまれるのか，だれも筋道のとおった説明はできなかった。

すでに紹介したように，松本彦七郎は，文様の系統的な変遷をたどり，土器型式の違いは年代の違いを意味していることを確認した。山内は，この業績を「縄紋土器文化研究の科学的方針」を開いたもの，と評価する[4]。松本が型式の違いの意味をただしく説明したというだけでは，「科学的方針」という評価には結びつかない。われわれの現在の立場からみれば，松本は文様は系統的に変化するという仮説と，それを遺跡の層序にもとづいて検証することができる，ということをしめした，といえる。ひとつの手続きにもとづいて吟味され，時間的な変化という意味づけをもった「型式」の設定が，ここで山内が「科学的方針」とよぶものの中身である。「年代学的の」という限定は，このような「科学的方針」の産物である「型式」と，それまでの厚手式・薄手式など，便宜的なラベルとしての「型式」の違いを強調している，と考えるべきだろう。「山内氏は，これらの『型式』における差の意味を，『住民の系統の差，部族差』に求めることを否定」した，と解釈する人もいる[2]。しかし，山内は「科学的方針」の裏づけのない「考按」を否定しているまでのことで，土器型式とそれを作った人々の系統や社会組織を結びつけて考えることそのものを否定しているわけではない。

またこのフレーズは，型式の位置を決定するときの作業の手順をもしめしている。ひとつの型式の位置を決定しようとする場合，その型式とほかの型式と年代の違いがあるかどうか，その吟味を優先すべきだ，ということである。ひとつの型式とほかの型式に年代差がないことが確かであれば，それらの型式の差は地方差である，と判断できる。ひとつの型式の位置は，時間（＝年代）と空間（＝分布）の関数と考えることができる。型式を設定する土台となった資料そのものは，その型式の空間軸の上の大まかな位置をしめしている。したがって，その型式が時間軸の上で，ほかの型式と重なるかどうか，その点を吟味すれば，その型式をほかの型式と区別する必要条件があるかどうか判断できる。ふたつの変数の値を同時に決定することはできない以上，まず時間の変数を決定すべきだ。「年代学的の単位」というフレーズにはこのような意味も読み取れる。

2. 「型式」と「様式」

2-1. 問題の所在

縄紋土器の「地方差，年代差を示す」単位が型式だが，弥生土器ではこれが様式になる。「型式」と「様式」の中身は同じなのだろうか。それともなにか違いがあるのだろうか。鈴木公雄は「縄文研究者の用いる型式と弥生研究者の用いる様式は，その概念においても，実体的内容においてもほぼ等しいもの」だ，という立場をとる[5]。しかし，縄紋研究者のなかには，この意見に納得しない人もある。たとえば戸田哲也も，「山内型式論と小林行雄（様式？）論はやはり似て非なるものと考えざるを得ない」（括弧内筆者）[6]という。鈴木と戸田の意見のあいだには，多少のズレがある。鈴木は「型式」について，戸田は「型式論」について述べている。このズレにどのような意味があるのか，それも考えてみるべき問題だが，さしあたり「型式」と「様式」が同じものといえるかどうか，そこに問題を絞ることにしよう。

鈴木は，おなじ論文のなかで，「型式」と「様式」が実質的にはきわめて近い内容のものだという理由を「当の山内においても，晩年には土器型式を『一定の形態と装飾をもつ一群の土器であって，（以下略）』ものと規定している」（傍点・括弧内筆者）と説明している。「晩年には」という箇所に注目すれば，鈴木は，山内が型式の定義を修正した時期がある，と判断しているようである。それはともかく，山内の型式の定義のまえには小林の様式論，ここに引用した箇所をはさんで，セットの問題へと議論は進んでいる。したがって，山内の型式の定義にせよ，あるいは型式と様式の異同にせよ，器種組成・器形の分化[7]を型式の定義のなかに組みこむかどうか，ということを鈴木が問題にしていることはたしかだろう。また，戸田の意見のなかでも，器種の組合わせを区分の基準とするかどうか，それが型式と様式の違いとなっている。

この点は，鈴木の「セット論」[8]の中身を検討してみればさらに明らかになる。ひとつの型式の中身は均等・均質なものではない，というのがこの論文の骨子である。型式を構成する要素を，文様要素・単位文様・器形の三種類のカテゴリーにわけてみると，その組合わせはいく通りかのまとまりになる。そのうちで出現頻度の高いものがその型式の特徴となるが，そこでも三種類のカテゴリーのなかの要素の組合わせが均質なものとなる

わけではない。この意見は，小林行雄の「様式表徴はすべての土器形式に平等に現はれるといふわけではなく，形式によつて様式表徴の現はれ方に濃淡がある」[9]という発言を縄紋土器の型式に適用したもの，ということができる。

鈴木の指摘には，ふたつの問題が含まれている。ひとつは，1960年代後半に「型式」の中身がどのようなものと理解されていたか，という問題である。第三者が山内の「型式論」をどのようなかたちで学び，どのようにとらえていたか，ということもできるだろう。まずこの問題から吟味をはじめることにしよう。

2-2. 単相組成と多相組成

鈴木の「セット論」は，「ややもすれば文様重視におちいりがちであった縄文土器研究に，(中略)新鮮な衝撃をあたえ」[10]た，と評価されている。「大洞B式土器は入組文を，大洞B-C式土器はいわゆる羊歯状文をそれぞれ表徴とする。(中略)以来，若い研究者は，三叉状文は大洞B式土器の，羊歯状文は大洞B-C式土器の，それぞれ鑑定の目印として考えてきた」[11]のは，その「文様重視」の傾向の一例だろう。この「鑑定の目印」にしたがえば，すべて三叉状入組紋をもつ土器は大洞B式であり，羊歯状文をもつ土器は大洞B-C式であることになり，その逆も成り立たぬかぎり，三叉状入組紋・羊歯状文は「鑑定の目印」として役に立たない。ひとつの型式は，三叉状入組紋・羊歯状文という決定的な指標によって区別できる，均質なものであることになる。

ひとつの土器型式の中身は，このような均質なものではなく，不均質なものだ，というのが，鈴木の「セット論」の土台となっている。晩期の諸型式の場合，その不均質さが器種組成，器種・器形と文様の組合わせにもっとも顕著にあらわれている。鈴木の「セット論」の中身は，このように理解すべきだろう。鈴木は型式というものが，R.R.ソカル・P.H.A.スニスのいう Polythetic Set（かりに「多相組成」と訳しておく。図1）[12]であって，すべての属性が，かならずしも均等ではなくとも，均質な分布をしめす Monothetic Set（おなじく「単相組成」と訳しておく）ではないこと

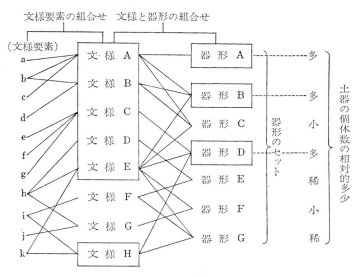

図1 セット構成の概念図（註8による）
多数を占める器形，少ない器形，稀な器形があり，多数を占める器形でもA・B・Dはそれぞれ別の文様がつく。

を指摘したわけである。「文様重視」の傾向のなかでは，一つの型式の中身は「鑑定の目印」となる特徴が，均等ではなくとも均質に分布するもの，つまり単相組成だ，という考え方が支配的だった。さきに引用した大洞B式・B-C式の「鑑定の目印」はそれを裏付けている。セット論は，単相組成だと信じていた型式の中身が，多相組成になることを指摘したわけである。

D.クラークは，型式を設定しようとするときには資料を多相配合をしめすものとして扱わぬわけにはゆかないが，手許にある資料がどの型式にあたるか判断しようとする場合には，いくつかの限られた「鑑定の目印」の有無に目をむけ，型式を単相配合として扱うことになる，というD.H.トマスの意見を紹介している[13]。トマスの原著にあたっていないので，これ以上立ち入った議論はできないが，型式を「同定」する場合，このような手順は効率がよく，なんの問題もないように思われる。しかし，手許にある資料のなかに「鑑定の目印」の有無だけに目をむけるようになり，型式の区分は，新しい資料をいくつかの鍵穴にさしこんでみて，これにあう鍵穴がなければ新しい型式だと判断するような作業になってしまう。そして資料そのものの特徴がどのような関係にあるか，という点から注意はそれ，「型式」は「鑑定の目印」の羅列になってしまう。このような風潮のなかで，型式を「決定的な指標」の均質な組合

87

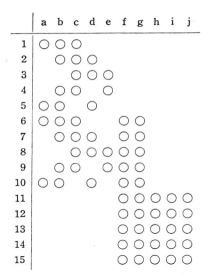

図2　多相配合と単相配合
個体 1-5 は特徴 a-e のうち三個が共通する。しかし五個体すべてに共通する特徴はない。個体 6-10 の a-e は上とおなじ分布をしめすが、f-g はすべての個体に共通する。個体 11-15 は、f-j を共有する。個体 1-5 は完全な多相配合、6-10 は不完全な多相配合、11-15 が単相配合である。

わせだという考え方がひろまり、さらに複数の器種の組合わせ・複数の器種と複数の種類の文様の組合わせ、という型式の多相組成としての側面から注意をそらす結果となった。

山内は、型式の中身が単相組成になる、などとは考えていなかった。大洞諸型式には「それぞれ精粗二様の製作があり」、さらに精製土器の「器形は鉢形が多数を占めるが、他に皿、浅鉢、壺、急須、稀に香炉形などがある」[14]。このような変化のない場合、たとえば円筒下層の各型式のなかにも、口頸部文様帯・文様帯と体部をくぎる隆帯の有無による違いがあり、文様帯のある土器でも「文様帯の内容、手法は型式によつて異なり、又一型式に於いても若干の種類がある」[15]。山内のとらえていた「型式」が多相配合であったことの裏づけとして十分だろう。

「型式」が単相組成をしめしている、という誤解がうまれたのは、山内が区分した型式の「鑑定の目印」のなかで、器種・器形の違いが大きな比重を占めていないという点にも原因がある。鈴木はその理由を「縄文土器は基本的に深鉢（中略）一種であって、壺、注口土器・台付土器といった器形や、精製土器と粗製土器といった区分も、縄文時代のある時期以降に成立」すると説明する[5]。戸田哲也は「土器型式認定手段（即ち短時日におけ

る変化を最も端的に示す深鉢形土器としての概念）に異なった観点を導入することは望ましいことではない」という[16]。両人は、多少の含みの違いはあるが、器種・器形を型式をとらえる土台にできないのは、縄文土器そのものの性格に由来しており、やむをえないことなのだ、という消極的な姿勢をとっているようにも見える。

器種・器形の分化が、縄紋土器の歴史のなかで特殊な現象であったとしても、ひとつの型式の位置を確定する、という作業が文字どおり一個の型式だけを問題としているのであれば、いいかえれば直接の関係のある型式だけと比較してすむものならば、型式を判別する基準としても差支えないはずである。しかし、山内は縄紋土器のなかに器種・器形が分化しているものがあると認めていながら、型式の位置を決定する手段とはしていない。器種・器形を型式を判定する基準とすることは意味がない、と考えていたとしか思えない。

2-3.　文様帯系統論

すでに述べたように、東北・関東を中心とする「山内編年」は、1930年前後には大筋が定まっていた。そして 1932 年に発表した「関東北の繊維土器」では、繊維土器の文様帯（第一次文様帯）は、「（前略）諸型式の年代的系列に沿うて、初め単独に存し、後に他の文様帯を伴ひつつ（中略）存し、遂に（中略）縮小し消滅する一系統」のものである、と述べている[17]。この事実を、晩年の発言とつきあわせてみると、彼が考えていた研究の手順、それにともなう研究の中身の転換があきらかになる。

晩年の山内は、「型式区分」の手順を、「型式内容の決定、年代鑑定、これにつづいて型式間の関係、あるいは変遷、系統等々」[18]の研究が必要となる、と説明している。「関東北の繊維土器」を発表したとき、山内は「型式内容の決定、年代鑑定」などの作業を終え、型式間の関係・変遷・系統など、それにつづく研究に手をつけていた。そのような時期に「文様帯」の問題を指摘しているわけである。ここから山内の「型式論」のなかで「文様帯」がどのような意味をもっているか理解することができるだろう。なお、ここでは文様帯系統論の具体的な内容にはふれず、それが山内の型式論のなかでどのような意味をもっていたか、その点に議論をしぼることにする。私自身、自信をもって説明できるほど、理解がゆきとどいてい

ない。今村啓爾のすぐれた解説[7]があるので，山内自身による説明とあわせて参照していただきたい[19]。

山内は，土器の研究そのものを生物形態学になぞらえ，そのなかで「いわゆる型式学 Typology は最もよく比較解剖学に比較し得るであろう。相似の形態，相同の形態，その他の概念を導入することもできよう」[20]という。この発言とさきに引用した型式区分の手順を重ねあわせると，「型式学」の目的が，「型式間の関係，あるいは変遷，系統等々」を「相似の形態，相同の形態，その他の概念」によって確かめることにあることが理解できるだろう。「（前略）各時代の文様をその器形における位置を考えて『文様帯』を仮設する。この文様帯の重なり具合，各文様帯の縮小，変質，消滅あるいは拡大，多層化等文様帯の歴史を復元する」[21]という発言は，この作業の中身の具体的な説明である。

「関東北の繊維土器」を発表したとき，東北・関東を中心とする諸型式の「型式内容の決定，年代鑑定」の大筋はすでに完了していた。いわば外側からみた諸型式の位置はあきらかになっていたわけである。「文様帯」にかかわるいくつかの指摘は，外からみた型式の位置の決定につづいて，型式を構成するさまざまな要素の関係を内側からとらえ，その結果にもとづいて型式の結びつきをとらえなおす作業の見通しと 1930 年代での成果とみることができるだろう。編年の網の目そのものは，たとえそれが完成したとしても，その背後にある土器の変遷がどのような意味をもっているのか，なにも説明しない。そこからなにかの意味を読みとる必要があり，「文様帯」がその手段となる，ということを具体的に説明することが，この論文の目的であった。

鈴木徳男は，山内の「文様帯」の概念ひいては「型式論」が，松本の業績だけを土台としているわけではないこと，とくにこれまでほとんど無視されてきた，松村瞭の業績の影響も無視できないことを指摘している[22]。器面を分割した単位としての文様帯，文様帯が時期によって拡大・縮小すること，文様もまたこの影響をうけること，これは山内が松本の業績から学んだことがらである。ただし松本は，文様そのものの変化は文様帯の動きに従属するものと解釈し，文様帯とべつの動きをしめすとは考えなかった。鈴木は，松村の縄文

が「模擬縄文」に転化するという意見[23]は，文様そのものの変化・文様要素の置き換えという立場を導入している点で注目すべき内容であることを指摘し，松村の業績も山内の「型式論」の重要な土台のひとつであると主張している。

松本は，文様帯を指摘し，その広がりが時間の経過のなかで変化することを確かめた。いわば文様帯の運動の法則を発見した，といってもよい。しかし松本の考えのなかでは，文様帯は土器の器面という空間を分割した単位にすぎなかった。文様帯のなかの文様は，文様帯の運動の支配を受けて変形するものであった。松村の「模擬縄文」は，浜田耕作の「原始的縄紋土器」[24]などとおなじく，土器文様の起源が器物の模写にあるという立場をとってはいるものの，文様そのものが変質すること，いわば文様そのものの運動法則が存在することを指摘した，といえるだろう。

松本の発見と松村の着想を結びつけて，山内の文様帯の概念が成立する。つまり，文様帯は土器の表面を分割した単位であり，ひとつの場である。文様はこの場のなかに配置されているが，文様帯の制約を受けるだけではなく，文様の変化が文様帯の縮小・拡大をひきおこす場合もある。このような場を設定することによって，谷井彪の言葉をかりれば[25]，具体的な文様の配置とそれを統合する原理をとらえることが可能になる。

器形の変化が起これば，文様帯の幅もそれにつれて変化するし，新しい文様帯がひろがる空間がうまれることもある。東北地方の後期後葉の土器には，あわせて四段の文様帯をもつ場合がある。このように多段化した文様帯は，壺・注口の二つの器種——それも外ぶくれの頸部が発達する器形にかぎられている（図3）。多段化した器形が現われて，はじめて文様帯も多段化したことは疑う余地がない。ところが，ここで奇妙なことが起こる。文様帯をなかだちとして土器の変化を観察していると，器形の変化を意識せずに，文様帯の分裂・生成の過程として，この出来ごとを記述することができる。いいかえれば，器種の分化・器形の変化についてまったく意識しなくとも，土器の変遷をたどることが可能になる[26]。縄紋土器の研究者が「文様重視の傾向」に走ったひとつの原因は，ここにある。一方，山内にとっては，文様帯のこのような性質こそが，目的にかなうものであった。

89

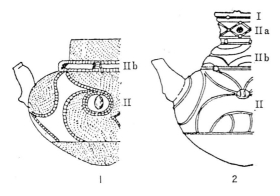

図3 器形と文様帯の変化（註19による）
2では1でははっきりしなかった肩が発達し、それにともなって文様帯Ⅱbもひろがる。それとともに口頸部にも文様帯Ⅰ・Ⅱaがあらわれる。

「関東北の繊維土器」のなかで、山内が「第一次文様帯」が繊維土器だけではなく、その後の型式にまで受け継がれてゆく、「一系統の文様帯である」(傍点筆者)と述べていることは見落とせない。晩年の山内は、これを「ある型式の文様帯は前代土器型式の文様帯と連続、継承関係を持っており、次代型式の文様帯の基礎となる」[19]と説明している。縄文土器の諸型式が、ひとつの系統に結びついていることを文様帯の系統的な変遷をたどって証明すること、それが山内の「型式学」の目的であった。それはまた、型式の層序・共伴といういわば外的な証拠（事実にもとづく説明）から組みたてた「型式網」がひとつの意味をもち、内的な証拠（論理的な説明）の裏付けもあることを証明する作業でもあった。

この作業の過程で、器種・器形を型式を識別する基準とすれば、縄紋土器の歴史は、器種分化の有無によって、鈴木が指摘しているように[27]、いくつかの不連続なブロックにわかれてしまう。器種の分化していない型式と分化している型式が前後に続くことがわかったとしても、その内容を比較するためには、あらためてべつの基準を探す必要がうまれる。「器種・器形」にかえて、「文様」を基準としただけでは問題は解決しない。A・B二つの文様は、a・b二つの器種とおなじく区別しなければならない。AはBに変化するというだけでは説明が十分ではない。A・B二種類の文様が、おなじひとつの文様帯のなかの要素であり、おなじ文様帯のなかでAからBへ変化することを確かめて、はじめてふたつの文様が相同の関係にあり、系統的なつながりをもっていることを確認できる。

すべての型式が、時間・空間による変化をしめしながら、しかもひとつの流れを作りあげている、これが山内の型式のとらえ方であった。その見通しを裏づけるため、文様の相同・相似の関係を整理し、それ自体としてはばらばらな現象である文様を結びつける原理をとらえなければならない。この手段となるのが、文様帯の概念である。山内がその型式論の「筋金」[28]を、文様系統論ではなく、文様帯系統論となづけた理由はここにある。文様帯という概念は、小林行雄が強調しながらついに具体的に説明しなかった、「斉一性の概念」を、べつのかたちではあるが、具体的に記述している、といえるだろう。

鈴木が型式と様式の「実体的内容」がおなじものだというとき、区別された結果としての型式あるいは様式に目をむけている。型式・様式の記述ということもできる。型式・様式の記述は、とりあげる項目が共通するかぎり、大きな違いがないのは当然のことだろう。しかし、記述された事実、記述の項目が一致していても、その記述をつくりあげる目的や過程、そこではたらく原理まで一致しているとはいえない。ここで小林行雄の様式論を検討する余地はないが、さきに指摘したような型式のとらえ方に、小林の様式のとらえ方と共通する部分があるとは思えない。鈴木は、過程と結果を混同しており、戸田の発言にもそれが指摘できる。戸田が、型式・様式ではなく、型式論と様式論を問題とするとき、型式なり様式を区別する過程と原理を問題にしているはずである。したがって、型式と様式は異質なものと判断すべきだったのである。「似て非なるもの」という判断は、区別された結果としての型式・様式と区別の過程・原理を混同している。

ここで型式論というのは、なまの資料から型式をひきだす目的や原理、資料を操作する過程のことである。したがって、ひとつの型式は型式論の結果であり、なまの資料の記述でもある。結果・記述としての型式を記憶することはそれほど難しくはない。しかし「型式論」を記憶しても活用することはできない。それは理解すべきものである。これまでの縄紋研究では、この区別が十分ではなかった。鈴木の「セット論」は、山内型式の記憶に走り、山内型式論を理解しようとしなかったところでうまれた弊害を指摘し、効果をあげ

た。しかし鈴木は，山内型式論のただしい意味での批判には踏みこもうとしなかった[29]。批判をとおして山内型式論を理解しようとする動きは，ここ十年のあいだにようやく活発になった。

2-4. 型式区分の基準

ここでどのような基準にもとづいてひとつの型式をほかの型式と区分するのか，説明するのが自然の順序だろう。論理的な整合性をもった基準があるかないか，そこでひとつの研究領域の科学性を判断できる，という立場からすれば，型式の定義のなかに一般的な基準が含まれていないことは，縄紋土器研究，ひいては縄紋研究全体のたち遅れのあらわれとうつるらしい。日本では，中谷治宇二郎が1920年代に遺物の系統的な分類の必要性を強調したのもここに理由がある[30]。これと前後してアメリカでも生物の系統分類になぞらえて土器を分類していた[31]。様式としての系統性・科学性へのあこがれは，ひとつの研究領域の成長期におきる病理症状だ，といえば言い過ぎだろうか。

それはともかく，一般的・普遍的な基準が，だれでも・いつでも・どこででも・どのようにでも利用できる基準（これを〈基準〉と呼ぶことにしよう）ということなら，〈基準〉をつくる必要もないし，たとえつくっても有効ではない。「主観的な分類」というものは，考古学にかぎらず分類が研究の基礎となる研究領域では，どこでもつきまとう問題だ[32]，といっただけでは不十分かもしれない。

アメリカ考古学の型式学をめぐる議論でも，型式の決定版 "the best" Type というものがありうるのかどうか，型式をつくる基準を統一することができるかどうか，問題になっている。たまたま私の目に触れたところでも，R. ダネル[33]，J. N. ヒル[34]，ヒルと R. K. エヴァンズらは型式の決定版というもの，型式をつくる基準を統一すること standardization に否定的な立場をとっている。そのなかで，ヒルとエヴァンズが，あるかぎられた資料のかぎられた範囲の属性をとりあげるなどいくつかの条件を満足するかぎりでは，決定的な型式はありうるが，これらの条件をとり払えば，そのようなものが成立する余地はない，と主張しているのは，アメリカの考古学者の発言であるだけに，興味をひく。この主張から予想されるように，彼らは限られた範囲で〈基準〉をつくることは否定しない。しかし，研究者の関心は短期間に変化し細分化するから，一時的なものになるだろう，と判断している[35]。

「草創期の豆粒紋土器，早期の尖底土器，前期の繊維土器，中期の火焔土器，後期の磨消縄紋土器に共通」[36]する特徴を指摘できれば，縄紋土器の型式を区分する〈基準〉をつくることはできるだろう。しかし，それがひとつの地域のかぎられた時期の型式を区分するうえで，どれだけ役に立つか，およその予測はできる。どのようなものを〈基準〉と認めるか，原理の面にとどめるのか，土器の具体的な特徴たとえば胎土・施文の用具・施文の技法などに求めるのか，判断はわかれるだろう。手短にいえば〈基準〉をつくる作業は，実現する見こみはほとんどない。にもかかわらず，この作業を頭においてみると，型式を区分するうえで土台となる考え方に，はっきりしないところや無視できないほど大きな意見の食い違いがあることに気がつく。たとえば，型式の変化する方向とか速度を，決めることができるのだろうか。それがわからなければ，型式を区分する基準を決めることはできない。これらの問題について次回は実例に即して考えてみよう。

註

（＊は複数の刊本がある場合，引用した版を示す）

1) 『日本遠古之文化』p. 2

2) 大井晴男「型式学的方法への試論」p. 173（『考古学雑誌』53：163-84，1967）

3) 鈴木公雄「型式・様式」p. 161（鈴木公雄・林謙作編『縄文土器大成』4：159-64，講談社，1981）

4) 「縄文土器型式の細別と大別」p. 45

5) 前出・p. 162

6) 「縄文土器の型式学的研究と編年（前編）」p. 160（神奈川考古同人会編『神奈川考古同人会10周年記念論集』159-186，1986）

7) ここでは，「器種」は土器の形の大別をさし，ひとつの器種を細別した単位を「器形」とよぶ。「器種とは土器を作った人々が用途その他の理由から意識して作りわけた種類別を言い，器形とは現在の人が見たときに気がつく形の区別をいう」とする立場もある。佐原眞は，「器形」はふたとおりの意味が重なるので，器種に統一すべきだという立場をとるが，器種を細別した単位にはとくに命名はしていない。

今村啓爾「文様の割り付けと文様帯」p. 149（加藤晋平・小林達雄・藤本　強編『縄文文化の研究』5：124-50，雄山閣，1983），佐原　眞「総論」p. 10（金関　恕・佐原　眞編『弥生文化の研究』3：5-10，雄山閣，1986）

8) 「土器型式の認定方法としてのセットの意義」（『考古学手帖』21：1-3，1964）

9）「弥生式土器集成図録正編解説」p.10（森本六爾・小林行雄編『東京考古学会学報』1：1-119, 1938）

10）安孫子昭二「縄文土器の編年と型式」p.178（大塚初重・戸沢充則・佐原　眞編『日本考古学を学ぶ』1：170-88, 有斐閣, 1978）

11）芹沢長介『石器時代の日本』p.205, 築地書館, 1960

12）—group, —system などの用法もあるが, ここでは区別していない。「多要素配列」などと訳している場合もあるが, まったくの誤訳である。
Sokal, Robert R., Sneath. Peter H. A., *Principles of Numerical Taxonomy*. pp. 13-15, 1963, W. H. Freeman.

13）Clarke, David L., *Analytical Archaeology*. p. 41, 1968, Methuen.

14）「所謂亀ヶ岡式土器の分布と縄紋式土器の終末」p.115（『考古学』1：139-157, 『論文集・旧』*113-128, 『山内清男集』67-85）

15）「関東北の繊維土器」p.61

16）前出・pp.160-61

17）「関東北の繊維土器」pp.67-68

18）『日本先史土器の縄紋』p.3

19）山内自身による文様帯系統論の概説は, 註18, 20, 21 文献があり, ほかに『日本先史土器図譜』（1939-41, 先史考古学会, 『論文集・旧』6〜10 として合冊復刻）や上記文献の図版解説に具体的な説明がある。

20）「縄文式土器・総論」p.157

21）「縄文土器の技法」p.279（後藤茂樹編『世界陶磁全集』1：278-82, 河出書房新社, 1958, 『論文集・旧』225-32, 『山内清男集』155-159）

22）「諸磯a式土器研究史(1)—型式論的研究の基本的問題を探る」pp.73, 75（『土曜考古』13：57-84, 1989）

23）「琉球荻堂貝塚」pp.54-59, 61-62, 65（『東京帝国大学人類学教室研究報告』3, 1920, 1983年復刻, 第一書房）

24）浜田耕作「河内国府石器時代遺跡発掘報告」pp.39-40（『京都帝国大学文学部考古学研究報告』2：1-48, 1918, 1976 復刻*, 臨川書店）

25）谷井　彰「縄文土器の単位とその意味（上）」p.111（『古代文化』31：39-51, 1979）

26）鈴木敏昭は, 文様帯系統論にもとづく型式学的な操作の過程では,「文様モチーフとその施文部位さえ判明すれば」,「完形品であっても破片であっても理論的には等価値」として扱えることを指摘している。また今村啓爾は, すべての文様帯をそなえているものを基本とし, 一部の文様帯が欠けているものを変異として扱うことができることを指摘している。ともに文様帯系統論の特質をしめしている。
「縄文土器の施文構造に関する一考察—加曽利E式土器を媒介として（序）」pp.212-13（『信濃』35：205-24, 1983）
今村・註7・p.129

27）「土器型式認定の方法としてのセットの意義」p.3

28）佐藤達夫「学史上における山内清男の業績」p.7（『山内清男集』1-11）

29）本文で指摘したように, ここで鈴木が問題にしているのは, 1960年代の学問的常識としての型式区分で, 山内の論理そのものにはふれていない。

30）『日本石器時代提要』pp.60-64, 199-209
なお, この発想は, 小林行雄・小林達雄両人の「様式」の構成とも共通する。

31）Hill, J. N., Evans, R. K., "A Model for Classification and Typology." p. 237. Clarke(ed.), *Models in Archaeology*. 231-73. Methuen. 1972

32）D. M. ラウプ・S. M. スタンレー著, 花井哲郎・小西健二・速見　格・鎮西清隆訳『古生物学の基礎』pp.104, 131, どうぶつ社, 1985

33）Dunnell, Robert, "Methodological Issues in American Artifact Classification". pp. 180-82, *Advances in Archaeological Method and Theory*. 9：149-207, 1986

34）Hill, J. N., "The Methodological Debate in contemporary Archaeology：a model." pp. 64-73, Clarke（ed.）*op. cit.*, 61-67

35）Hill, J. N., Evans, R. K., *op. cit.*, pp. 260-68
ヒルとエヴァンズは, かぎられた範囲の事項（たとえば年代・型式を判定する属性）を基準化する可能性は否定していない。彼らにいわせれば, 暫定的土器型式判定基準を作ることはできる, ということになるのかもしれない。

36）佐原　眞「総論」p.6（金関　恕・佐原　眞編『弥生文化の研究』3：5-10, 雄山閣, 1985）

考古学と周辺科学　14
水文学

人間生活に深いかかわりをもつ水は古代より井戸の掘削，聚落の形成，都市の建設と考古学の上からもきわめて深い関係を有している

東京成徳短期大学教授　山本荘毅
（やまもと・そうき）

　水文学と考古学とは関係があるのであろうか。最近，水中考古学などというのもあらわれてきているから関係があるのかも知れないと思い始めている。確かに水は人間生活に深いかかわりをもっているから水文現象と遺跡の立地・性格との間にも関係があるのであろう。現に発見されている遺跡，将来発見されるであろう遺跡について考察をしてみる。

水文学とは

　今から30年ほど前，ユネスコによって国際水文学十年計画（International Hydrological Decade，略称IHD）が提唱された時，日本学術会議はこれを受けるか否かについて討論を行なった。冒頭の質問で「みずぶんがく」とは何であるかと聞かれた。Hydrologyを「水文学」と訳したためである。われわれ当事者は苦笑しながら「すいもんがく」と答え，天文学を思い出して下さいとつけ加えた。

　水の学問としての水文学という語は古くからあったというが，古い文献でこの言葉をみたことはない。昭和の始めに岩波書店から阿部謙夫[1]が『水文学』という本を出しているほかはあまりみたことがない。

　名称の起源はさておき，ユネスコの提唱以来この学問も急速に進歩した。学問の内容についてもあまり異論はなく，ほぼ一致している。すなわち，水文学とは，「地球上における水のあり方，循環，分布や性質の変化を自然科学的に研究する学問」と定義されている。現在はさらに，水資源の開発などの問題に関連して法制・社会・経済学的な面もとりいれられている。これらの中で，水循環とこれに伴う収支の研究が中心となっている。水循環の速さ，したがって水の年齢決定など

は考古学と大きな関連をもつことになる。

井戸と湧泉

　洋の東西を問わず，古代・原始時代の人間は河川の水を飲んではいない。彼らの住居は山とか平野では小高いところにあったからである。この泉をせきとめたものが井で，湧泉と井戸とは同じものであった[2]。したがって走井（はしりい）というのも自噴井ではなく湧泉であった。桜井市の文珠院隣の閼伽井，市川市の真間の手児奈井も東京都井之頭の井もすべて湧泉である。英語の well も泉または流れを示す古語 wella から転化したものである。

　中国では，井が清潔な水を産出する上に泉の音が共に「Ching」であるので同一とされていた。漢字の井の起源は丼で日本語のドンブリではない。井は井桁を象ったもので真中の「、」はつるべを象っている。井は丼の略字である。

　中国でこのような井戸がいつ頃掘られたかは明らかでないが，多くの遺跡に伴うものから年代も知れる。中国の有名な詩に「日出而作，日入而休，鑿井而飲，耕田而食」とあるから井戸をつくることは重要な仕事であったろう。それは，飲料のみならずかんがい用にも供された。三皇五帝の一人黄帝は「使八家為井」とあり，同じ五帝の堯が掘った井戸は山西省の臨汾に，舜の掘った井戸は永済県にあるがいずれも伝説である。

　やや確かなことは紀元前1500年の甲骨文[3]に「井」があり，竜山文化（4,000年前）を示す河北省邯鄲郡の遺跡には「水井」がある。新石器時代の遺跡には多くの井戸がある。その中，最も古いものは浙江省余姚県に残っている木の結構井（けっこうせい）である。この井戸の深さは，わずか1.35mにすぎな

93

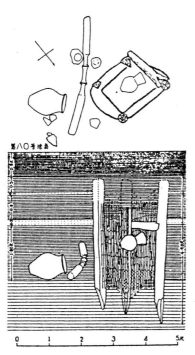

図1 弥生時代の井戸（末永雅雄・小林行雄・藤岡謙二郎
『大和唐古弥生式遺跡の研究』1943より）

いが，口径は 2〜6 m で，^{14}C 測定によると年代は 5,700 年 B.P. ということである。中国では遺跡と共に多くの古い井戸が発掘され，築造年代も同定されている。これらの一覧を表1として次に掲げる。

ここで大切な事は，これらの古い井戸の多くが木製の枠をもっていたことである。日本の登呂遺跡や唐古遺跡でも井戸が発掘され，木枠がみつかっている。これら木材の1かけら（5〜10g）があれば，放射性同位体水文学によって ^{14}C の測定から正確な年代を知りうるのである。

湧泉帯と都市

乾燥砂漠，例えば中国のタリム盆地の周縁の泉地（オアシス）には都市が発達している。日本のような湿潤地域でも湧泉を中心に聚落が発達している。武蔵野台地の貝塚・遺物包含地の分布をみると台地の崖端，台地を刻む谷の谷頭部などの湧泉帯に位置している[4]（図2）。谷頭部の湧泉は，海抜 50〜70 m に存在し，南から深大寺湧泉群，井の頭池，善福寺池，三宝寺池，富士見池などのほ

表1 夏商周の古井一覧表 （沈樹栄1985より）

时代	編号	地点	形状	直径（或辺長）	深度	結構及用途
夏、早商	1	河南偃師二里头				水井
商	2 3 4 5	河南安阳小屯南地 河南郑州二里冈 江西清江呉城 河北藁城台西(2)	圆、橢圆、長方、 圆、橢圆、方、 長方、不规则 圆形	長方形的最大为 3×1.8 米 1－5 米 一口1.38－1.58米， 一口2.95米	有的>10米 有的深 8－9 米 有的深 4 米以上 一口3.7米，一口5.1米	有些窖穴可能是水井 有些窖穴可能是水井 有些窖穴可能是水井 井底有木井盤
西周	6 7 8	陝西長安張家坡(8) 湖北圻春毛家嘴(1) 江蘇東海焦庄(1)	長方、橢圆 圆形	0.7－2.4米 直径在 1 米以内 0.95－1.10米	有的>9米 残深不到 1 米 2.80米	土井，井壁有脚窩 水井 石塊砌井
春秋	9 10 11	山西侯馬 湖北云梦睡虎地(1) 湖北江陵紀南(3)				水井 古井 有三个井的木井圈做过 C－14 測定
戰国	12 13 14 15 16 17 18	河南安陽后岡(1) 河南新鄭々韓故城(1) 陝西長安客省庄(26) 陝西咸陽(7) 河北邢台曹演庄(1) 河北易県燕下都故城(3) 北京市区西南部(37)	方形 長方形 圆形、長方形 圆形 圆形 圆形	0.9－1.0米 長1.6>2米，宽1米左右 圆形有的直径为0.97米， 長方形下底0.75×0.85， 上口 2.10×2.24 0.94米 陶管小的直径0.5米，大的0.8米 陶管直径0.64－0.92米	深度>現代地下水面 12米 有的>10米 >10米 3.3－5米	土井，井壁有脚窩 土井，井壁有脚窩 有的窖穴下有陶圈，可能是冷藏井 陶管井 陶管井，可能不是水井 陶井，有的与東周早期

94

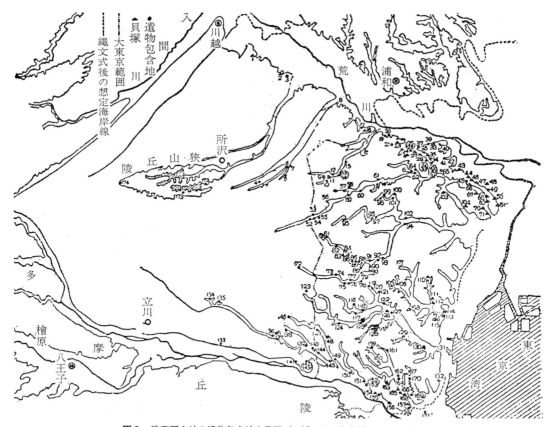

図2　武蔵野台地の遺物包含地と貝塚（八幡一郎・和島誠一1941より）

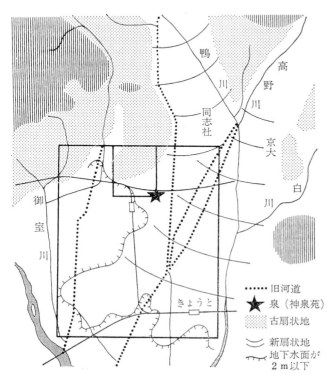

か目黒川谷のものがある。これらは扇状地の扇端泉とも考えられ，この位置は最近1万年間あまりちがっていない。

大規模な都市計画の中で水文学の知識を応用した例が奈良と京都である。奈良への遷都は和銅元年（708）から始まったが，これはうまく佐保川扇状地の水文地形を応用している。佐保川の旧流路は朱雀大路の真中をこれと斜交し，扇端部の湿地帯をさけている。京都の場合は遷都が延暦13年（794）で，土木工事にもすぐれた業績をもつ和気清麻呂によって発議された。彼は鴨川の扇状地地形をうまく利用した。扇状地の水文地形の特色が左京と右京の盛衰，明暗を分けることになる[5]。

高野川といわれる鴨川の流路をすなおに延長すると堀川になる。堀川は鴨川の旧流路で，付近には良質の地下水があり，かつては

図3　京都の地形と平安京（山本原図）
　　（京都を鴨川と高野川両扇状地の合成とみる）

95

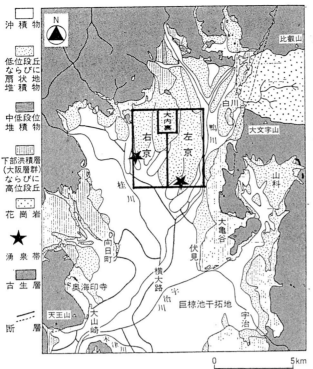

図4　京都盆地地質図と平安京
(石田志朗1976および吉越昭久1989に加筆)

染物が行なわれた。かの有名な神泉苑は鴨川扇状地の湧泉帯に位置し、乾ばつ時でもあまり枯渇したことがない。左京の湧泉帯はさらに南まで延長する。これに対して右京の湧泉帯は右京の真中に存在し、湿地帯を形成する。このような便・不便が、左右両京の明暗を分けたことは吉越昭久の指摘する通りである[5]（図4）。要するに扇端湧泉帯がどこに存在したかという水文現象を都市計画にどの程度とりいれられたかということである。

宙水と聚落

宙水 (perched water) は、ちゅうすいと読む。広域に分布する主要な地下水体（本水）の上方に存在する比較的分布の限られた地下水体である。宙水までの深さは、本水までの深さより浅い。地下水面までの深さが深い地域で、宙水体に出あえば、そこに聚落が立地しやすくなる。吉村信吉[6]が徳川時代初期の正保年間（1644～47）の古図に出ている村の位置を地図にプロットしてみると地下水面までの深さの浅い東部武蔵野台地のほかは湧水のえやすい所に限られていたということである。

武蔵野は、かつて高句麗からの渡来人が入植したことがあるが飲料水もえられぬため全員が山麓の飯能付近に移ったことは有名で、これらの人が高麗村をつくった。現在は、高麗川団地にその名前をとどめている。武蔵野において地下水のえ難いことは、各地に残る「掘兼井」でもわかる。掘兼井の起源・年代については、平安時代の大同年間との口碑もあるがよくわからない。付近から鎌倉時代の板碑が見つかっているから相当古いのであろう。

所沢東方の三富新田は、宙水の発見によってできた新田聚落であるが、宙水発見の経緯は明らかでない。湧泉の項でも述べたが、人は水のあるところに集まるものであって、水の有無を嗅ぎ当てる能力を先験的にそなえているように思われる。水のえやすかった場所やその近くに、意外な遺跡を発見することができるかも知れない。

その他

遺物がうまく保存されるためには、水があってはまずい。しかし、石棺などの中に水があった場合、それが天水か否かは ^{16}O と ^{18}O を測定すればわかるし、年代も ^{14}C を測れば2～3万年、^{36}Cl を測れば20万年位まで推定することができる。

註
1) 阿部謙夫『水文学』地理地質講座、岩波書店、1933
2) 山本荘毅「水井戸史略」東京成徳短期大学紀要、No. 21, 1988
3) 沈樹栄『水文地質史話・礼記』地質出版社（北京）、1985
4) 吉村信吉『地下水』河出書房、1942
5) 吉越昭久「平安京の水問題」地理、34—8, 1989
6) 前掲 4)

書評

中村 浩著
研究入門
須恵器

柏書房
A5判 214頁
2800円 1990年4月刊

著者は大阪府陶邑窯跡の発掘調査に従事して現行の陶邑編年をつくりあげた人として著名であり，さらに須恵器の出現期や陶質土器との交流などのシンポジウムを主催し，いくつかの専著も刊行するなど，須恵器研究の第一線で活躍されている。このような実績に照らしてみても本書のような入門書を担当する最適の人を得たといえよう。

これまでにも研究入門としての類書が多いなかで，本書を構成するにあたって著者の新しい工夫がみられ，それが類書を破る新しい成果を生みだすこととなった。

まず本書の内容は，1. 須恵器の器種と用途，2. 須恵器の形態変遷と流通の状況，3. 須恵器に見る年代の基準資料，4. 記録の基礎，5. 須恵器の型式編年表，6. 須恵器の各部名称と形態の六大項目から構成されている。

本書の中心的内容は2と3にあり，そのほかの項目はその補完的意味をもっているようである。このような類書にないユニークな構成をとった意図について，著者は同名の出版物がすでに数種をこえる現状にかんがみて，「基本的な解説はできるだけ避けるようにし」，すでに従来の入門概説書を卒業した段階の人たちに焦点をあわせ，著者が集めていた「年代の編年資料を中心に編集したものであること」，また出版社の希望を容れて基本的な部分では「技術的な面の記述」を加えたことを述べている（「あとがき」より）。すなわち初等科を終了した人人を対象とする高等入門書を意図していることがうかがわれる。

1では貯蔵・供膳・煮沸三種の用途・機能をあげて器種別にその時代的変遷を追い，それを生み出した社会的背景にもふれながら概観した高度な序説的内容である。

ついで2では初期須恵器，古墳時代の須恵器，奈良・平安時代の須恵器，中世の須恵器に分けて生産と流通の視点から，著者の編んだ陶邑編年の諸段階と対応させながら，窯跡や古墳・集落の出土例の実測図を豊富に加えて解説されている。初期では須恵器の源流をたどって朝鮮半島の伽耶・百済・新羅の最近の成果が要約され，また中世の項を設けて従来ふれられなかった中世にまで継承されている衰退期の実態をとりあげたのは新しい観点であろう。

3は本書の中心をなす部分であり，九州から東北地方まで，22遺跡を選んで具体的にセットとしての資料を提示して簡明な解説と著者の所見が述べられている。古墳・寺院・宮都・官衙・窯跡などにわたり各器種の実測図が集められていて，基準資料を簡単に検索することができる点で専門研究者のハンドブックとしても便利である。著者が最も力をいれているのも本項にあることがうかがわれる。それぞれに参考文献も付されていて，さらに専門的に研究するための配慮がみられる。

4は実測図と拓本の作成方法の各過程を，順次写真で示しながら解説されている。出版社の要望で加えられた項目であろうが，はじめにも述べたような本書の性格からすれば，とくに必要であるとも思えない。類書にまかせておいてもよかったであろうし，むしろ本項のスペースをもっと3に宛てて資料をさらに増加させることを読者は望むのではなかろうか。

5は著者が手がけてきた大阪府・陶邑窯跡群の調査成果をもとに組み立てられたⅠ～Ⅴ形式（各形式はさらにいくつかの段階に細分される）の須恵器型式編年図と，愛知県・猿投山西南麓窯跡群，京都府・篠窯跡群の須恵器型式編年図を掲げている。陶邑編年は古墳時代の，また猿投山・篠編年は奈良・平安時代の編年基準資料として豊富な資料を提供しているものである。これらの原報告書は誰しもが入手して座右に備えておけるものではないので，今日最も多くの人々が依拠している編年図として容易に参考できるように配慮されたものであり，その選択は適切であったといえよう。

6では各器種の図を提示して，それぞれに部分の名称を付し，あわせて製作技術の呼称を加えたものである。これらにみる多くの学術用語が報告書や論文で駆使されるわけであるから，研究者はまずその名称と実態を頭に入れておかねばならない。これを機会に研究者によって少しずつ異なった呼称が使用されている現行の学界のなかで，共通の認識と呼称が得られる上に効果があれば望外の成果であろうが，未だ早急には望めないかも知れない。

最後に各地で発刊されている須恵器研究の論著や報告書が参考文献としてまとめられている。

以上，本書の内容を概略紹介してきたが，この種の研究入門書としては類書をこえた，やや高度なものであり，専門的研究を志す人々への高等演習書であると同時に，専門研究者にとっても基準資料が容易に検索できる便利なハンドブックともなる好著である。　　　　　　　　　　　　　　（小田富士雄）

書評

田村晃一 編
東北アジアの考古学〔天池〕
六興出版
A5判 233頁
5,600円 1990年2月刊

さきに，朝中共同発掘隊『中国東北地方斗遺跡発掘報告』の翻訳書『崗上・楼上―1963-1965 中国東北遺跡発掘報告―』を出版されてからわずか4年後，ここに論文集『東北アジアの考古学［天池］』が上梓された。東北アジア考古学研究会20周年を記念したものという。本研究会の精力的かつ組織的な仕事に敬服せざるをえない。故三上次男先生を中心に結成された研究会とはいえ，東北アジア考古学を専攻しようとする学徒は決して多いとはいえない。その学徒も20年の節目にあたっては，今や学会の中心メンバーであったり，各々の職場の要となっている人たちである。また，東京を離れ研究会に顔を出せなくなった人もいよう。そのような多忙な人たちが，東北アジアという一つのフィールド設定の中で，その専門性を遺憾なく発揮して書き上げた論文集，それが本書である。

本書は以下の論文から構成されている。千葉基次「中国遼東地域の連続弧線文系土器」，甲元眞之「燕の成立と東北アジア」，鄭漢徳「美松里型土器の生成」，田村晃一「高句麗の積石塚」，藤井和夫「高霊池山洞古墳群の編年―伽耶地域古墳出土陶質土器編年試案Ⅴ―」，中山清隆「初期の輸入馬具の系譜」。これらのうち，評者の関心のある前3者の論文を中心に，簡単にその内容についてふれてみることにしたい。

第1の千葉氏論文は，遼東各地域の詳細な遺跡の比較研究により，遼東地域の新石器時代の土器の編年を述べられ，新石器時代を3群に分期されている。評者もこの時期を大きく三つに分期することは基本的に賛成であるものの，細かな分期時期は多少異なっている。またその分期に基づいた遼東・遼西を通じた地域間構造の捉え方も多少異なるようである。そのなかで，千葉氏は新石器時代第1群の遼東と遼西にみられる連続弧線文を地域差として捉えられている。その場合，遼西の興隆窪を富河溝門や四稜山より後出するとされているものの，その根拠は何であろうか。興隆窪を遼西で最も古い段階に位置づけたならば，連続弧線文にみられる地域差も再考

を必要とするのではないだろうか。また遼東第1群内での変遷過程も，伴出する石器群から年代差を求められている感がある。しかしながら，これは土器そのものに基づいて時期差を決定すべきであり，そうでなければこの時期の複雑な地域色を見誤る可能性がある。一方，千葉氏は第1群の櫛歯状連続弧線文の出自をシベリアに求められているようである。ウスチ・キャフタ遺跡の土器を根拠とされているのではないかと想像するが，詳細な検討を披露していただきたかった。なお，呉家村の位置づけについては評者と意見を異にしている。

次ぐ甲元氏論文は，西周前期の燕の成立時に，礼器と有柄式銅剣・鏡のセット関係を持つ祭式が生まれ，その後，その祭式が東北アジアの支配構造にみられるシャーマニズム化につながっているという興味深い論考である。東北アジアの青銅器文化を考える際の重要な視点になるであろう。ただ北京周辺の殷後期の殷人の支配形態については，なお慎重な議論が必要に思われる。

美松里型土器を扱った鄭氏論文は，これまでとかく美松里型壺だけ注目されてきたのに対し，壺と深鉢をセット関係として捉え，さらに遼東の細かな地域設定の中で，編年と地域性を求めようとされた力作である。ただ，本溪と丹東地域を一つの地域単位とされているが，地理環境からみても分離されるべきように思われる。一方，前1千年期の美松里型土器を伴い琵琶形銅剣をもった支配層を，血縁的共同体の首長層と捉えられ，古朝鮮問題に対して正当な評価を与えられている。また，文献にみられる貊をこれらの人々に比定されている。このことは続く田村氏論文でも高句麗の出自を文献上の貊として支持されている。したがって，続いて出現する細型銅剣文化において，遼東内での地域性のあり方や，族問題，あるいは部族連合のあり方は，今後も解き明かされるべき重要課題であろう。

以上3氏の論文について評者の思いつくままに感想を述べてきた。評者の誤読を恐れるところである。また3氏以外の田村氏，藤井氏，中山氏の論文もそれぞれ秀作である。とくに，藤井氏の土器から復元された伽耶社会の政治関係は，今後さらに詳細な検討がなされることを期待したい。以上のように，本書は論文集でありながら，新石器時代から三国時代までの東北アジアの通史的な成り立ちを理解できる書物となっている。その意味でも，一読をお奨めしたい。

本書の刊行は，日本考古学界において東北アジア考古学がますます重要になることを予見させている。はからずも，アジアにおいてこの分野を研究する上で最も好環境が与えられているのはわが国であり，この分野を研究することの責務の大きさを感ずる次第である。
　　　　　　　　　　　　　　　　　　（宮本一夫）

書評

石野博信 著
古墳時代史
考古学選書 31

雄山閣出版
A5判 248頁
3,000円 1990年3月刊

いま日本列島では，その経緯さえ問わなければ，目を瞠るような新発見があいつぐ考古学界は，空前の活況を呈しているといわれる。そして，好むと好まざるとにかかわらず，これらが日本史の各局面を塗りかえつつあることも事実であろう。そしていま，つぎつぎに発見される重要遺跡を足まめに訪れることで知られる，何人かの研究者がしばしば話題になる。その中でとくに行動半径の広さで定評があるのが石野博信氏である。

「これでよく本務がつとまるものだ」との嘆声を尻目に，遺跡に立つ石野氏の巨軀は印象的でさえある。また，仕事で上京された折，とくに注目すべき発掘現場などがない場合は，「しばらくあそこに行ってないから」と，寸暇を割いてはそそくさと立ち去られるのが常のようである。そのような石野氏だからこそ，奈良の職場に居ながらにして，全国の情報が集まるのであろう。

その石野氏が，こんど『古墳時代史』を上梓された。この本の骨格をなすのは，かつて『季刊考古学』に連載された同じ題名のシリーズであるから，判りやすさに心がけつつ，古墳時代研究の指針たることを目ざそうとの姿勢がうかがえる。石野氏が日ごろ考えておられる「古墳時代史」の問題点を，歯に衣着せずにずばりと抉りだす論旨はきわめて明快で，理解しやすい。「石野節」の名を献じたくなるのは，評者ばかりではあるまい。

もちろんこれらは決して放言ではない。石野氏が，自ら見聞し，また読破した膨大な考古資料に立脚しているからこその発言なのである。「データの量の多さに驚いた。……彼の自信の源泉がここにあったのだと知らされた」との樋口隆康所長の序文はよく本書の本質をついている。

さて，本書は序章ほか十章からなっており，古墳の出現から終末に至る過程を編年的に叙述している。そして読者はその冒頭で，「日本史上，墓地において王権継承儀礼を行い，墓を権威の象徴とした時代は他にない」が，これに立脚する時代区分（古墳時代）は，「日本考古学史上の偉大なる誤算」であるとの発言に，まず度肝を抜かれるだろう。

つづいて，古墳時代編年は，古墳に限ることなく，「集落・生産・祭祀」などを総合して行なうべきこと，定型的と先験的に決めてかかっている古墳にも，実は多くの変異型があること，また石室などの形態変遷のみに目を奪われず，機能変遷に目を向けること，副葬品も単にその組成・量に着目するだけでなく，その「質的編年」に留意すること，などの提言を行なっている。そして，大陸文物との対応によって導きだされた，北九州弥生文化終末の暦年代を重視するかぎり，古墳時代の開始は3世紀前半より下降するはずはない，との立場を明示される。

第1章では，首長権継承儀礼の場としての墓が古墳である，との石野氏の立場から，弥生「墳丘墓」は古墳とすべきことを主張する。それでいながら，王の中の王すなわち大王墓は，箸墓古墳に始まるとの，二段構えの柔軟さも忘れてはいない。いっぽう，前期大型墳が，和歌山・三重・愛知などの畿内周辺部にむしろ少なく，遠隔の地に目立つこと，「薄甕」の動態などからみて庄内期は混乱期であったらしいこと，長野県弘法山古墳は，土器からみて布留式段階には引き下げえないことなどを説く。定説をも疑ってみよう，また何となく気づかれずにとり残されている多くの問題点を掘り起こそうという，石野氏の基本姿勢がにじみでている。

前・中期のころ「かみ」と考えられていた古墳の被葬者も，5世紀後半には祭祀ともども変化が生じるという。この5世紀後半期は，「宅地」「方画地割」の成立，群集墳の成立など，古墳時代社会の変革期と位置づけられるという。したがってそれまでは，地方・中央とも大王権に拮抗する半独立勢力の存在を認めようともする。そして5世紀末ないし6世紀に集中する「反乱伝承」に言及して新解釈を示すとともに，この争乱を経て初めて大和政権の全国支配が，制度として浸透することになると説かれている。いっぽう5世紀後半期の農業生産上の画期を認めながらも，これにかかわる従来の論証の方法には，強い危惧の念を提示される。

6世紀は「古墳時代後期」というよりも，律令社会の萌芽期と位置づける石野氏は，この時期の古墳祭祀を「神に対するまつりから，死者一祖先祭祀へと変質したことを考えさせる」とも述べる。論調はさらに続き，随所に警句やユニークな意見が述べられているが，もはや紙数がない。

本書におさめられた内容の，およその傾向は，上記でほぼおわかりいただけたと思う。書きだめたものを一括したものであるため，ときに事象に関する評価が変化して，一貫性を欠く部分もなくはない。だが，それが本書の価値を下げているとは考えない。ご一読をおすすめする。

（岩崎卓也）

論文展望

（敬称略 五十音順）
選定委員
石野博信
岩崎卓也
坂詰秀一
永峯光一

橘　昌信
船野型細石核の
バリエイション
おおいた考古　2号
p. 1～p. 10

「船野型細石核」は，宮崎県船野遺跡において注目されたものである。全体的な形態は舟底状を呈しているが，ずんぐりした体形をしている。この細石核は，素材獲得段階で準備された平坦な剥離面が，側面調整および細石刃剥離作業の打面としてそのまま利用されている。

船野型細石核は大分県から鹿児島県にかけて集中的に分布しており，九州以外の地域でも，東海・関東地方，さらに中部地方南部においても発見されている。

船野技法による船野型細石核が西日本の広い地域に存在し，しかも時間的にも，ある幅を持つものであることが次第に明らかにされつつある。このような資料増加の経緯の中で，船野型細石核のバリエイションとも言うべきものが認められる。

それは，素材の剥片の主要剥離面を打面に用いるのでなく，細石核ブランクの一方の側面に利用するものである。縦断面が偏平なD字形を呈し，全体の形態がいわゆる舟底形細石核により近似する。主要剥離面を側面に利用した場合，その面の側面調整はほとんど施されず，残されたもう一方の面に集中する。細石刃剥離作業面は，一端にのみ設定される。打面は素材獲得段階での平坦な剥離面のほか，剥片の切断面，あるいは平坦な自然面なども使われる。

これらの細石核を「上下田型」と仮称し，船野型の1つのバリエイションとした。技術的・形態的

な相違点と共に，船野型細石核よりも後出して細石核の構成に加わり，出現の時期に差のあることが推察される。

この細石核も九州地域に限定されず，南関東から中部地方の一部など，広い地域にわたって発見されている。船野技法のバリエイションとして上下田型細石核の設定を行なう事で，他の細石核との技術的・形態的関連や系統を究明する上での1つの手掛かりになるものと思われる。　　　　（橘　昌信）

今村啓爾
群集貯蔵穴と打製石斧
考古学と民族誌
（渡辺仁教授古稀記念論文集）
p. 61～p. 94

東北地方の縄文前期中頃から見られる，大型の貯蔵穴が多数群集する状況は，この時期に食料の計画的な大量貯蔵が始まったことを物語っている。そこでは群集貯蔵穴の普及と遺跡数の増加，遺跡規模の拡大がともなって進行した。

ところが，縄文文化繁栄の頂点をなすともいわれる中部高地から西関東の中期には貯蔵穴は少ない。住居址数との比率で非常に少ない。これはなぜであろうか。実は気をつけて報告書類にあたってみると，この地域でも前期末～中期初頭，後期前葉には貯蔵穴がかなり普及しており，貯蔵穴の少ないのは中葉から後葉の最も繁栄した時期に相当することがわかる。

興味深いことに，この貯蔵穴がまれな地域・時期に限って，打製石斧の大量使用が見られる。

貯蔵穴が人間による貯蔵であるのに対し，根茎類は自然が行なう貯蔵であり，掘り出して保存する必要はない。この理解から，貯蔵穴と打製石斧の対照的な分布を，

越冬用食料として堅果類を重視した地域と根茎類を重視した地域の違いとみなす。さらに根茎類の第1候補がジネンジョであり，それは人為的な増殖の努力が行なわれていた可能性が強いこと，そしてこの生業の特色がこの地域における急激な繁栄と衰退に関係すると論じる。基礎的な事実の確認からはじまり，先へ進むほど不確実な推論へと展開するわけである。

このような視点から，これまでも注意すべきといわれながら実質的な議論は棚上げにされていた根茎類の重要性の論証を試みる。

実物証拠を重視する気風の強い考古学の世界では，小論の主張は受け入れられ難いと予想されるが，群集貯蔵穴と打製石斧の対照的な分布は無視できない問題のはずである。

小論は「土坑性格論」（『論争学説日本の考古学2』雄山閣）を前提とするものであり，併読下されば問題の所在がより明確に理解頂けるであろう。　　（今村啓爾）

千葉　豊
縁帯文系土器群の成立と展開
史林　72巻6号
p. 102～p. 146

本論の目的は縄文後期前半期，西日本に分布した縁帯文系土器群を取り上げ，第1にその成立・展開を地域別編年の再検討を通じて明らかにし，第2に編年体系にもとづき地域色を問題とし，地域間関係のあり方を追究しようとしたものである。

まず，縁帯文系土器群の成立・展開については，頸部のくびれる有文深鉢（有文深鉢A）の口縁部の形状の変化に着目し，縁帯文土器成立期として広瀬土壌40段階を設定した。この段階に，地域内の

前段階の型式である福田K2式に由来する伝統と関東系土器の流入という外来の影響が結合して縁帯文土器が出現することを明らかにした。さらに、様式論的観点にたった型式内容の再整理を行ない、従来の編年を検討した。東海西部・近畿・中部瀬戸内・山陰の地域別に、とくに有文深鉢Aの変化を基軸に器種構成の変化を追究し、成立期を含めて4期にわけて変遷の過程を把握することができた。

次に、叙上で明らかにした編年体系にもとづき、器種構成・有文深鉢A・縄文原体・無文土器の調整手法・底部の形態といった土器を構成する多様な要素に着目して地域色の現われ方を検討した。その結果、地域間の関係には通時的にみて親疎関係が存在すること、取り上げる要素によって異なる地域色が描かれることが明らかとなった。そこで調整技法など、土器作りになくてはならない部分を共有する地域を基層的地域、同一文様を共有する地域を個性的地域と呼んだ。縁帯文系土器群の分布圏を1つの個性的地域、(1)東海西部、(2)近畿南部、(3)中部瀬戸内、(4)山陰・近畿北部を基層的地域と理解し、基層的地域を核に文様などの情報を共有しうる地域が個性的地域として出現している様相をみてとった。さらに基層的地域間の結合関係の変化により、IV期の東海西部のように独自の個性的地域への傾斜といった現象が生み出されてくると考えた。　（千葉　豊）

森　泰通

台付甕の出現
—愛知県下の資料をもとに—
古代文化　41巻11号
p.28〜p.40

弥生時代後期を中心とした時期に東海・南関東地方などでは台付甕という独特の煮沸具が使用される。脚を付すことによって甕を持ち上げることは、下胴部で最も温度の高い炎の外炎部を効率的に受けることを可能にする。それは人の経験から生まれた生活の知恵であったのであろう。

この台付甕は愛知県下において中期4-1段階に出現する。いずれも口縁部の屈曲が緩い在来系の甕にII-a類（不定形であるが一般的に脚が内湾気味に開く）の脚が付される。次の中期4-2段階になると、尾張においてはこの時期に主体化する外来系平底甕に「台付」という在来要素が取り込まれ、II-b類（ある程度定形化し、脚がまっすぐ開く）の脚を持つ台付甕に交代する。また知多・三河ではIII類（大きく内湾して開く脚部の上に中実の柱状部が付く）の脚へ変化していった。次の弥生時代後期になると平底甕はほぼ姿を消し、ここに到って「台付」という要素は確固たるものとなる。以後、台付甕は当地方の伝統的な煮沸具として古墳時代まで用いられていくのである。

台付甕出現の素地となったと考えられるものに台盤状土製品・脚状土製品がある。これらは中期1に出現し、台付甕出現前の中期2・3において増加する。そして台付甕が出現する中期4になるとその数を減じ、台付甕が完全に定着する弥生時代後期に到っては全く出土例を見なくなる。今のところ検出例は少ないものの、その多くに2次焼成痕が認められることから、炉の中に据えられ、甕を持ち上げる機能を果たしていたと考えられる。これらの土製品と平底甕を一体化することによって生み出されたものがII-a類の脚を持つ台付甕であった。つまり、当地方の煮沸形態の特有性は、長い伝統の中で在地の人間によって綿々と保持され、変化・発展を遂げたものであったのである。（森　泰通）

川西　宏幸

古墳時代前史考
—原畿内政権の提唱—
古文化談叢　21集
p.1〜p.36

古墳時代の開始という問題は、わが国古代史上の懸案ではあっても、中国、メソポタミア、エジプトのような主要文明生成地における統一政権の創設と比較し、できうることなら互換性をもつ視点で研究するのが、現在では望ましい方向であると思う。このような微意のもとに、本論は、初期王朝期という段階をわが国で設定することについて可否を念頭におき、古墳時代に政治秩序の中枢を占めた権力母体の前身を抽出しようと試みたものである。

中国鏡を立論の材料としたが、これは、歴年代推定の有力な根拠とされてきた学史上の経緯を重視したためである。しかし、中国鏡を使って起稿の意図に近いところまで論を進めようとすると、数多くの資料を提示し、しかも複雑な推考の手つづきを踏むことが必要であった。そのことによって、論旨が難解なものになったことは否定できない。

わが国における中国鏡の分布には、鏡種によって様態の相違があり、三角縁神獣鏡、画文帯神獣鏡、斜縁神獣鏡は、近畿地方に分布の中心をおく点で、一括することができる。近畿型鏡種と名付けたこれらの鏡は、彼地での鏡式の推移や通交関係の隆替からみて、4世紀以前にわが国に伝来したと推定されるのに対し、出土する古墳の年代は概して4世紀にあたっており、双方の年代のずれが注意される。そこで、中国鏡の動きを伝来—分布形式—副葬という序列で示して、ずれが生じた要因を論じ、3世紀には近畿型鏡種が一括して管理される状態にあったことを想定した。

こうして姿を現わした管理の母体とは、近畿型鏡種の独占者であり、管理下においた鏡をのちに秩序だてて分与に移した組織者の前身であった。つまり、中国王朝との通交では当時の倭を代表する存在ではあっても、古墳時代と呼びうるような意味での政治秩序の中核ではなかったと考えられるのである。　（川西宏幸）

●報告書・会誌新刊一覧●

編集部編

◆**考古学と民族誌** 渡辺仁教授古稀記念論文集刊行会 1989年11月 B5判 346頁

"縄紋土器の起源" 研究に関する原則……………………大塚達朗
陥し穴猟と縄文時代の狩猟社会……………………佐藤宏之
群集貯蔵穴と打製石斧…今村啓爾
磨臼（サルド・カーン）について……………………藤本 強
極東における平地住居の普及とその周辺……………………大貫静夫
東北タイ古代内陸部製塩の史的意義に関する予察………新田栄治
北方地域の古代弦楽器論……………………宇田川洋
エジプトで中国陶磁器が出土する意味……………………佐々木達夫

◆**納内6丁目付近遺跡** 北海道埋蔵文化財センター刊 1989年3月 B5判 358頁

遺跡は北海道西北部の深川市，石狩川下流右岸の段丘上に立地している。縄文時代早期から中期にかけての住居跡16軒，土壙6基，Tピット23基などが確認され，多量の土器・石器が出土している。また花粉分析，Tピットの分析，土器に残存した脂肪の分析が収録され，脂肪分析から土器は用途に応じて動物油脂を使い分け，そこに澱粉質の多い木の実などを入れて調理したことが想定される。

◆**保内三王山古墳群** 三条市教育委員会刊 1989年3月 B5判 246頁

新潟県の中央部，信濃川右岸に沿って東へ延びる新津・村松丘陵に位置する17基よりなる古墳群の報告。このうち前方後円墳，前方後方墳，円墳，方墳，造出付円墳の5基が発掘されている。とくに23mの造出付円墳の第11号墳は，痕跡から縄掛突起を有する組合木棺の使用が想定されており，仿製四獣形鏡などの豊富な副葬品が出土している。4世紀後半代の地区の首長墓と考えられるこの古墳が

古墳群形成の端緒となり，次期には前方後円墳が築造されている。

◆**有馬条里遺跡I** 群馬県埋蔵文化財調査事業団刊 1989年10月 A4判 286頁

遺跡は群馬県西部の利根川と吾妻川が合流する渋川市に位置する弥生時代から古墳時代にかけての集落遺跡である。400軒をこえる竪穴式住居と，榛名山の火山灰層下の古墳時代後期の水田跡32,000㎡，畠跡，浅間山火山灰層下の古墳時代前期畠跡，礫床墓2基，溝8条が確認されている。2条の溝より，弥生時代中期から後期の土葬骨1体と，時期不明の焼骨2体が出土している。遺物としては多量の土器のほか，ダイズやアズキの植物遺体も検出されている。

◆**三輪南遺跡群発掘調査報告書** 三輪南地区遺跡群発掘調査会刊 1989年10月 B5判 584頁

神奈川県北部の多摩丘陵上に位置する遺跡である。丘陵上と斜面の21地点に及び，時期的には縄文早期から平安時代までと様々な性格のものが確認されている。土師器を伴う住居跡としては5地点より20棟の住居跡が調査され，斜面に位置する9基からなる西谷戸横穴墓群よりは圭頭太刀が出土している。また瓦窯跡も1基調査されており，8世紀の中葉から後半にかけての操業が想定され，北側400mに所在する岡上廃堂跡との関連が問題とされている。

◆**安久遺跡** 三島市教育委員会刊 1989年3月 B5判 395頁

伊豆半島の付け根の大場川沿いの低地にある遺跡である。弥生時代中期から近世に至る住居跡・井戸跡などの遺構が発見され，旧河川岸では古墳時代の祭祀用と思われる土器が多数出土している。

◆**四天王寺** 大谷女子大学資料館刊 1989年3月 B5判 122頁

四天王寺ではこれまで数度におよぶ発掘調査により平安時代以降

の浄土信仰の隆盛にかかわる姿が明確となっている。今回の西門付近にある引声堂と周辺地域の調査では，柵・掘立柱建物・土坑のほか，板塔婆・位牌・仏像などを埋納した井戸跡も発掘されている。

◆**乙隈天道遺跡** 福岡県教育委員会刊 1989年3月 B5判 385頁

福岡県小郡市の宝満川支流の草葉川北岸の低台地に位置する，弥生時代後期から古墳時代後期にかけての集落跡の調査報告で，竪穴住居跡107軒，土壙，周溝墓などが調査されている。土器・石器・鉄製品などが出土したほか，砥石に転用された砂岩製の銅剣鋳型も竪穴住居跡から出土している。

◆**草場第二遺跡** 大分県教育委員会刊 1989年3月 B5判 454頁

大分県北西部の日田盆地の丘陵上に営まれた各種の墓の調査報告である。弥生時代後期から古墳時代中期にかけての甕・壺棺13基，土壙墓171基，割竹形木棺1基，箱式石棺7基以上，小型竪穴式石室2基，方形墓17基以上などが調査されている。また，20体の出土人骨のうち，5体は親族関係についても検討されている。

◆**踏査** 第8号 いわき考古同人会 1989年12月 B5判 27頁

居木橋B貝塚出土のクジラ骨製棒状骨器について………井上雅孝
大畑G式以後（上）……佐藤典邦
縄文時代後・晩期に見られる棒状土製品の本来的形態…大竹憲治
大宮町小野天神前遺跡出土の線刻石製品………………瓦吹 堅

◆**新潟考古学談話会会報** 第4号 新潟考古学談話会 1989年10月 B5判 68頁

新潟県東蒲原郡の中世城館資料について………………横山勝栄
島崎川流域における弥生時代の遺跡………………田中 靖
山三賀II遺跡からみた阿賀北遺跡地方の古代土器………坂井秀弥
佐渡地方における横穴式石室

102

…………………伊与部倫夫
新潟県出土の三角形土版について
…………………田辺早苗
緒立八幡神社古墳の編年的位置
…………………川村浩司
吉井地区と山野の開発…品田高志
県内における縄文中期前半の関東
・信州系土器………高橋 保
◆行田市郷土博物館研究報告
Vol.1 行田市郷土博物館 1989
年3月 B5判 202頁
忍城跡の発掘調査
◆考古学雑誌 第75巻第2号 日
本考古学会 1989年12月 B5判
256頁
九州の銅鐸…………春成秀爾
静岡県浜松市都田町前原Ⅷ遺跡出
土銅鐸…………太田好治
静岡県袋井市愛野向山Ⅱ遺跡出土
の小銅鐸…………松井一明
千葉県市原市草刈遺跡出土の小銅
鐸………白井久美子・福田依子
千葉県市原市川焼台遺跡出土の小
型銅鐸…………相京邦彦
千葉県袖ヶ浦町文脇遺跡出土の小
銅鐸………古内 茂・西口 徹
福岡市西区今宿五郎江遺跡出土の
銅鐸銅製品…………二宮忠司
◆山岳修験 第5号 山岳修験学
会 1989年9月 B5判 176頁
古代の錫杖…………大和久震平
◆川崎市市民ミュージアム紀要
第1集 川崎市民ミュージアム
1989年3月 B5判 184頁
川崎市高津区子母口貝塚調査報告
………増子章二・浜田晋介
◆長野県考古学会誌 第59・60号
長野県考古学会 1989年10月 B
5判 355頁
シンポジウム特集号 中部高地の
尖頭器文化
◆名古屋大学古川総合研究資料
第5号 名古屋大学古川総合研究
資料館 1989年10月 B5判 212
頁
篠岡44号窯出土の灰釉陶器
…………斎藤孝正
◆古代文化 第41巻第10号 古代
学協会 1989年10月 B5判 62
頁
平安時代における施釉陶磁器の様
式論的研究（下）……前川 要

日本人類学の現状…中谷治宇二郎
◆古代文化 第41巻第11号 古代
学協会 1989年11月 B5判 60
頁
秦漢陶文考…………佐原康夫
槍先形尖頭器出現の技術的背景
…………藤野次史
台付甕の出現…………森 泰通
北東アフリカ考古学界の現状
…………藤本 強
考古太平記(2)………三森定男
◆古代文化 第41巻第12号 古代
学協会 1989年12月 B5判 62
頁
古代都城の線刻土器・記号墨書土
器…………山中 章
東国国分寺の文字瓦再考
…………上原真人
下野国府と文字瓦………田熊清彦
◆史林 第72巻第6号 史学研究
会 1989年11月 A5判 169頁
縁帯文系土器群の成立と展開
…………千葉 豊
◆文化財学報 第6集 奈良大学
文学部文化財学科 1988年3月
B5判 98頁
初期須恵器窯の解釈をめぐ
って…………植野浩三
◆天理参考館報 第2号 天理大
学付属天理参考館 1989年10月
B5判 71頁
館蔵「扶桑図磚について」
…………近江昌司
天理参考館蔵天理遺跡出土後期初
頭縄文土器資料について
…………金原正明
天理参考館蔵朝鮮三国時代の赤焼
土器…………竹谷俊夫
◆ヒストリア 第125号 大阪歴
史学会 1989年12月 B5判 242
頁
5世紀における摂津・河内の開発
と渡来人…………田中清美
◆八尾市文化財紀要 4 八尾市
教育委員会 1989年3月 B5判
88頁
河内中南部における古代末期から
中世の土器の諸問題
………近江俊秀・岡田清一
◆郵政考古紀要 15 大阪郵政考
古学会（箕面市粟生間谷西4―2
地域歴史民族考古学研究会内）

1989年12月 A5判 55頁
遼三彩をめぐって………吉田光邦
島畑の考古学的調査………大野 薫
埴輪作者の手の動き…都出比呂志
郵政切手に見る考古学(2)
…………平井尚志
◆九州考古学 第64号 九州考古
学会 1989年12月 B5判 84頁
古墳時代鉄鏃の編年……古野徳久
胎土分析の諸問題……中島恒次郎
韓国南部地方櫛目文後期の変遷
…………広瀬雄一
対馬佐賀貝塚の調査報告 補遺
…………正林 護
イルティシュ河上流域及びその近
隣地域に於ける石人についての
検討（上）
……張 志堯・黒山之雄 訳
◆古文化談叢 第21集 九州古文
化研究会 1989年12月 B5判
216頁
古墳時代前史考…………川西宏幸
子持勾玉年代考…………大平 茂
原始家屋の想像復元…山本輝雄
岩戸山古墳出土の冑装着円体石人
頭部に関する若干の考察
…………福尾正彦
ミズの木の葉…………中村友博
九州系黒色土器の器形的系譜に関
する若干の覚書………森 隆
韓国・福泉洞38号墳とその副葬遺
物…………鄭澄元・安在晧
武末純一 訳
漢魏晋代の蛮夷印の用法
…………梶山 勝
◆おおいた考古 第2号 大分県
考古学会（別府市北石垣82 別府
大学付属博物館内） 1989年11月
B5判 73頁
船野型細石核のバリエイション
…………橘 昌信
縄文後期磨消縄文共伴土製品
…………賀川光夫
大野川流域における土器の移動
………小柳和宏・三辻利一
杵築市小熊山古墳について
…………清水宗昭
銭貨の鋳造について……佐藤興治
日田市朝日宮ノ原遺跡の中世土壙
墓………土居和幸・友岡信彦

■考古学界ニュース■

編集部編

————九州地方

弥生後期の倉庫跡53棟以上　佐賀市教育委員会が発掘調査を進めている佐賀市久保泉町の村徳永遺跡で弥生時代後期の大規模な集落跡が発見された。これまでに確認されたのは竪穴住居跡17軒以上，掘立柱建物跡53棟以上のほか，祭祀に使われたとみられる周溝状遺構，井戸跡，溝跡，小児用カメ棺6基，多数の土壙など。高床式倉庫群は1間×1間，1間×2間のものが大部分を占めるが，うち1棟はほぼ5間×6間と大きなもので，柱穴は直径約50cmある。この大型建物は古墳時代の邸宅や奈良時代の官衙などにみられる技術である「布掘り」に類する工法を柱穴の一部に使っている。また柱穴の多くに柱根が検出されている。さらに遺物としては編みカゴや鍬・鋤・杵・杓などの木製品，土器が多数みつかった。同遺跡は吉野ヶ里遺跡の西南西8kmにあり，拠点集落の1つとみられている。

弥生の大規模な集落跡　福岡県小郡市埋蔵文化財調査センターが発掘調査を行なっている同市三沢の一ノ口遺跡で弥生時代前期～中期にかけての大規模な拠点集落が発見された。遺跡は標高30～40mの丘陵上約6万m²に広がり，これまでにY字状に分布する円形，方形の竪穴住居跡約110軒と直径0.5～1m，深さ0.5～2mの貯蔵穴約400基，カメ棺墓4基などがみつかった。遺跡の外から住居に向かう幅2～5m，深さ約1mの溝が約50mにわたって発見されたが，これは道路と考えられ，その溝を横切る形で掘られていた柱穴約30個が門の跡ではないかとみられている。また集落を囲むようにして直径約20～30cmの柱穴が多数みつかり，柵の跡と推定さ

れる。さらに柵の内側に直径約50cmの柱穴が4個，方形に配置されている場所が2カ所あったが，これは吉野ヶ里遺跡でもみつかった物見櫓の跡とみられる。遺物としては鉄鉱石製把頭飾や土器が出土したほか，貯蔵穴からは炭化した米や木の実，大量の貝類などがみつかった。

5世紀の未盗掘石棺　福岡県宗像郡津屋崎町宮司の宮地嶽神社南側に隣接してみつかった中期の井手ノ上（いでのかみ）古墳で未盗掘の石棺が開けられ，保存状態のよい人骨1体と副葬品が発見された。古墳は直径26mの円墳で，主体部は石棺（内側の長さ175cm，同幅50cm），竪穴式石室（長さ180cm，幅55cm）と石蓋土壙墓がある。竪穴式石室は盗掘されていたが，石棺は1枚の石蓋（長さ205cm）で覆われ，内部から男性の人骨1体とその左右に鉄剣1振ずつ，左に鉄刀1振，右に鉄矛1点（各々長さ約80cm），脛の上に鉄製三角板革綴短甲1式が認められた。ほかに鉄柄手斧3，U字形鋤先1と墳丘西南部裾付近に陶質土器もしくは初期須恵器の甕と思われる破片が散布していた。石棺内面には朱が塗られ，被葬者の顔面にも朱が付着していた。宗像氏にかかわる人物が葬られていたと推定される。

————四国地方

南国市で弥生の集落跡　高知県教育委員会が発掘調査を行なっていた南国市東崎の高知農業高校内にある東崎遺跡で，弥生時代後期末の竪穴住居跡13軒と壺棺墓などがみつかった。一辺6.3mの方形住居跡などに加えて鉄鎌・鉄鏃など8,000点以上が出土した。今回の現場から北約200mの所では先に南国市教育委員会による調査で同じ時期の住居跡2軒がみつかっ

ており，同一集落であったとみられる。なお集落の規模は最小でも幅約200m，長さ約300mの約6万m²に達する。また同遺跡は土佐山田町のヒビノキ遺跡（後期後半～古墳時代初頭）と同時期とみられ，弥生～古墳の胎動期の集落跡として注目されている。

————中国地方

石室内から多数の須恵器　岡山県古代吉備文化財センターが発掘調査を進めている真庭郡久世町目木の木谷古墳群11号墳で，数次埋葬を表わす石室内から多くの須恵器が発見された。11号墳は横穴式石室をもつ円墳で，石室は長さ4m，高さ1.5m。石室の一番奥から装飾付脚付子持壺（残存高21cm）や高杯などの須恵器62点が重なるように出土。また耳環7点，トンボ玉，長さ80cmの大刀なども見つかった。副葬品からみて6世紀末から7世紀初頭に属するとみられるが，遺体は木棺に入れられ，追葬があったと推定される。古墳の最終段階の埋葬状態をよくとどめるものとして，貴重な例となった。

弥生の貯蔵穴と和同開珎入の甕　岡山県古代吉備文化財センターが発掘調査を進めている岡山市津寺の津寺遺跡で弥生時代後期前半の貯蔵穴約150基が発見された。貯蔵穴は大きいもので直径2～3m，深さ1.5m，小さいもので直径0.8m，深さ0.7mほどで，フラスコ形が大部分だが中には円柱形のものもあった。ドングリなどの食糧が見当らず，土器片，焼け土や炭などが残っていることから，これらの貯蔵穴は一度使用された後，すべて廃棄されたとみられる。また同遺跡東端の奈良時代集落跡から和同開珎5枚が入った土師甕が発見された。直径16.5cm，高さ14.5cmの甕に須恵器の蓋がさ

発 掘 調 査

れたもので，中から銭貨 5 枚が表を上にした状態で出土したことから，胎盤を地中に埋めた胞衣壺の可能性が強いとみられる。

弥生遺跡から貨泉25枚　岡山県古代吉備文化財センターが発掘調査を行なった岡山市高塚の高塚遺跡（津寺遺跡の北西 2 km）で王莽の「新」代（紀元 8〜23 年）に発行された貨幣の一種「貨泉」が25枚発見された。貨泉は直径 2.3 cm 前後，重さ 1〜3 g でほぼ完形。25枚のうち24枚は直径約 1.5 m の円形土壙から，弥生時代後期初めの土器片とともに出土した。残る 1 枚は古墳時代初めの住居跡の埋土中から出土した。弥生時代の遺跡から発見された貨泉は全国 11遺跡16枚にすぎず，今回の発見はこれまでの総数を上回る。貨幣としては当時何の価値もないはずの銭貨が近畿以西の各地で出土することについては，青銅器の原材料として輸入されたとする説もある。

──────────近畿地方

土器棺墓からモモとヒョウタン　大阪府教育委員会が発掘調査を行なっていた八尾市若林町 1 丁目の八尾南遺跡で古墳時代前期の土壙が発見され，中から土器棺 2 基とモモの種，ヒョウタンなどが出土した。土壙は60 cm×70 cm，深さ50 cm ほどの隅丸方形で，棺はいずれも直径 25 cm 前後の壺。1 基は高杯を逆さにして蓋としていた。人骨は見当らなかったが，副葬品を入れたらしい壺 1 点と，モモの種16個，ヒョウタン数十個の種と皮の一部がみつかった。さらに古墳時代前期の井戸 6 基や土器を並べた溝などのほか，縄文時代後期前葉のほぼ完形の深鉢 1 点が出土した。

大型埴輪を転用した井戸　堺市日置荘西町の日置荘遺跡で堺市立埋蔵文化財センターによる発掘調査が行なわれ，6 世紀前半の須恵器窯跡の灰原に築造された，大型埴輪（高さ1.35 m，直径50 cm 前後）を使った珍しい井戸が発見された。井戸は中央に大型埴輪を井筒として立て，周囲三方に同じ埴輪を寝かせて囲ったもので，7 世紀の初め頃には廃棄されていた。また周辺からは盾形，家形，人物などの形象埴輪も出土し，これら埴輪を焼成した窯跡もみつかっている。さらに井戸の近くからは，須恵器の大甕を製作する時に粘土を叩き締めるために用いた，叩き板 3 点と内側に当てる当て具 1 点が出土した。これらはいずれも木製で，6 世紀前半のものである。

最古級の眉庇付冑　大阪府豊中市教育委員会が発掘調査を進めている市内南桜塚 2 丁目の御獅子塚古墳から古墳時代中期の鉄地金銅装の眉庇付冑が出土した。冑は組合せ式木棺内の三角板革綴短甲の中から出土したが，金メッキの跡がある鉄地金銅装の本体（推定径 20 cm，高さ12 cm）と金銅製の眉庇（幅 6.5 cm）や伏鉢（高さ 9 cm）が残り，眉庇には三角形の透し文様がつけられていた。冑本体は鉄の地板（長さ 3.5 cm，幅 1.5 cm）を 50 枚余，鋲でつなぎ合せ 2 段の構造となっている。共伴の短甲が三角形の鉄板を鋲でなく革紐でつないでいる，鉄鋲がやや古相をしめすことなどから，5 世紀前半の日本でも最古級に属するものとみられている。

ドーム型のかまど　大阪府埋蔵文化財協会が調査していた堺市伏尾の伏尾遺跡で，わが国でも初めてのドーム型をした古墳時代中期のかまどが出土した。かまどの大きさは高さ約 32 cm，直径 52 cm。焚口は長方形で幅約 40 cm。天井部には釜と甑をのせる直径約 22 cm の穴と，煙出しの穴（直径

約 8 cm）があった。土師質のもので，これまでの出土例には，類似のものがない。かまどの内側には焦げ跡がないことから祭祀用だった可能性も考えられる。

新沢千塚で古式の横穴式石室　奈良県立橿原考古学研究所が発掘調査を進めていた橿原市川西町の新沢千塚古墳群（国史跡）で，県下でも古式に属する横穴式石室が発見されたほか，同古墳群では初めて 7 世紀前半の古墳もみつかった。横穴式石室墳は尾根上に築かれた221号墳で，直径約 13 m，高さ約 3.5 m の円墳。玄室は長さ約 3 m，幅約 1.3 m で長さ約 1.3 m の羨道が付き，南に開口する片袖式。出土した須恵器から田辺編年 TK 47 段階に築造されたことがわかった。同古墳群では大和では早い時期に横穴式石室を造りながらその後は途絶えている。また 7 世紀前半の古墳は長方形墳で，金銅製耳飾などが発見された。今回新たに 7 基の古墳が発見されたが，まだ埋もれている古墳も多く存在するとみられている。

古墳前期の和琴　縄文時代（土壙のみ発見）から平安時代にわたる集落跡などがみつかっている守山市古高町の下長（しもなが）遺跡で，守山市教育委員会による発掘調査が行なわれ，幅約 80 m の河川跡南端部から古墳時代前期とみられる木製の和琴の琴板が出土した。琴板は長さ 115 cm，幅 25〜18 cm で，長さ 4 cm の竜角が 6 個並んでいるが，両端を除く 4 個に弦を張った四弦琴とみられる。また左右両端にくさびが打ち込まれた桜皮を巻いた箇所が 5 カ所残っていることから，共鳴槽がとりつけられていたとみられる。和琴の出土例は全国で30数例あるが，今回の発見は全体の配置がよくわかることで貴重。

105

■考古学界ニュース■

―――――――中部地方

5世紀初めの埴輪　愛知県西春日井郡西春町教育委員会が発掘調査を進めていた同町鍛冶ヶ一色の高塚古墳で多くの埴輪片がみつかり、5世紀前半の古墳であることがわかった。古墳は直径約40mの円墳（帆立貝式古墳か？）で、濃尾平野でも有数の規模。これまでに人物、動物、家、盾、蓋などの形象埴輪片約500点、円筒埴輪片約4,000点がみつかったが、一緒に出土した土師器の中に5世紀初頭の二重口縁壺型土器が混じっていたことから、時期が判明した。5世紀前半の埴輪は関東では出土しているが、愛知、岐阜、静岡3県では例がなかっただけにこれまでの空白を埋めるものとして注目される。また墳丘のまわりには幅10m、深さ1m前後の堀もめぐらされていた。

枕木を有する弥生の柱　石川県立埋蔵文化財センターが発掘調査を実施した金沢市戸水町の戸水B遺跡から、弥生時代中期末の枕木を有する柱根が出土した。この柱根は、周溝を有する平地式住居から出土したもので6つの柱穴から5本が確認された。中でも2つの柱穴では柱根と枕木が組み合わされたままの状態で発見された。柱根は直径約25cmの丸材を用いたもので、長さ約80cmが遺存しており、下端には枕木を跨ぐように彫り込みがなされている。また枕木は長さ約70cm、太さ約15cmで、丸材をみかん割にして使用しており、中央側面に若干の削り込みがある。このような形式のものは「根がらみ」と呼ばれ、軟弱な地盤で柱の沈下を防ぐ、柱のずれを防ぐ――などのために考えられたもので、とくに本遺跡のように枕木にまで加工を施しているものは全国的にも極めて類例の乏

しいものである。

埋納坑から近畿式銅鐸　静岡県引佐郡細江町中川の滝峯才四郎谷遺跡で同遺跡発掘調査委員会による発掘調査が行なわれ、埋納坑内に整然と埋められた銅鐸が発見された。銅鐸は高さ72cm、鰭を上下に鈕を西側に向け、東西に向い埋められていた。袈裟襷文銅鐸で、鈕には双頭渦文とみられる飾耳が付いている。埋納坑は尖頭型の楕円形で、銅鐸の下方の周りにはこぶし大の石3点がおかれ、銅鐸を固定していたと思われる。銅鐸をおおっていた土は軟らかく、固められたような状況ではなかった。

平城古墳群で新たに7基発見　静岡市向敷地にある平城（ひらしろ）古墳群で静岡市教育委員会による第3次発掘調査が行なわれた結果、新たに横穴式古墳7基がみつかり、総数は30基を越えると推定されている。同古墳群は通称徳願寺山南側の傾斜面にあり、今回農道建設工事に伴い調査が行なわれた。発見された古墳は直径6～7mの円墳4基と10m×8mほどの方墳3基。ハンレイ岩製の石室には幅1mの墓道も連なっている。いずれも7世紀後半から8世紀にかけて造られたとみられるが、当時としては大型の石室であることが特徴。土師器や須恵器が出土したが、この中には二連甕と呼ばれる須恵器も含まれている。

―――――――関東地方

武蔵型板碑が38点　印旛郡市文化財センターが発掘調査を進めている千葉県印旛郡印旛村山田の打出第二遺跡で、土坑の中から先端部が三角形に尖った武蔵型板碑が38点発見された。いずれも筑波石製の長さ60cm、幅20cmの小ぶりなもので、大きさのそろった規格品。板碑の何点かは立てかけ、残

りは横倒しになって出土、板碑が発見された土坑は一辺8mの方形で、スロープのついた出入口があった。板碑に伴って五輪塔、黒天目茶碗の破片、馬の骨1体分が出土したほか、隣接地からは同時期の六文銭や人骨17体分のほか、7m四方の寺院の柱跡もみつかった。2点に「応仁」「明応四年」の年号が、また6点に梵字と蓮の花が刻まれており、未成品も含まれていた。

縄文後期の大貯蔵穴　和光市が東上線和光市駅南側で進めている丸山台土地区画整理事業に伴う発掘調査が和光市遺跡発掘調査団（竹石健二団長）によって行なわれ、縄文時代後期の貯蔵穴や竪穴住居跡、掘立柱建物跡、墓地などの遺構が多数発見された。現在までに丸山遺跡、丸山台遺跡、義名山遺跡、中丸遺跡、浅川遺跡の5カ所が確認されているが、このうち中心部に位置する丸山台遺跡は新河岸川に注ぐ谷戸川のほとりに竪穴式住居跡30軒、掘立柱建物跡20棟が2重の弧状になって5mの高台にある中央部の大貯蔵穴と墓址を囲んでいる。大貯蔵穴はフラスコ型で上部の直径2m、底部径2.5mで、深さ2.4mという大きなもの。貯蔵穴内の覆土は4層になっており、下部にはカヤなどの樹皮状の炭化物と縄文式土器3点があり、貯蔵穴としての利用が終わったあと、開口部を破壊して再構築しており、炭化物の上に焼けた赤土が70cmの厚さでおおっていた。この焼け土の中には動物の骨らしいものも混じっていた。この上位には、朝顔形の深鉢2個体が供献されている。狩猟の豊穣を祈った祭祀の跡ではないかとみられているが、貯蔵穴の転用はきわめて珍しい。

発掘調査・学界・人の動き

東北地方

5世紀前半の須恵器　郡山市田村町の南山田遺跡では郡山市教育委員会が発掘調査を行なっていたが，先ごろ古墳時代中期～後期の大規模な集落跡が発見され，多量の古式須恵器が出土した。現場は小高い台地の尾根上で，竪穴住居跡は80軒を超えている。この中には鍛冶工房があり，炉と床面に固定された鉄（石）床が出土した。炉は直径20 cm，鉄（石）床は長さ40 cmの二等辺三角形を呈している。また，周囲からは鍛造剥片も採取された。住居跡や古墳から出土した古式須恵器は40数個体分に達し，中でも1号墳の周溝より出土した高さ7 cm余の小型把手付壺は，5世紀前半～中葉に作られたもので，器形からみて朝鮮半島産とみられる。

学界・人の動き

日本考古学協会第56回総会　5月12日，13日の両日，東京大学文学部を会場に開催された。講演および研究発表は以下の通り。
＜講演＞
　上野佳也：近世考古学の一断面―加賀藩本郷邸の調査を中心にして―
　西田宏子：海を渡った東洋陶磁
＜研究発表＞
　金原正明：考古遺跡の花粉分析とその指標に関して
　宮塚義人：遺物の正射投影図化方法の開発
　下山　覚：鹿児島県指宿市橋牟礼川遺跡に見る火山災害史と文化変異
　寒川　旭：遺跡の地震跡研究の成果と展望
　太田昭夫・斎野裕彦：富沢遺跡（第30次調査）における旧石器時代の生活環境
　柳田俊雄：福島県会津若松市笹

山原遺跡群の発掘調査の概要について―旧石器時代の遺跡を中心に
　秋田県埋蔵文化財センター・小林　克・小畑　巌：秋田県鹿角市高屋館遺跡の環状列石の調査
　平口哲夫：先史日本海域における鯨類捕獲活動―韓国盤亀台岩壁彫刻の鯨類画を中心に―
　神奈川県立埋蔵文化財センター・山本暉久：神奈川県逗子市池子遺跡群の調査
　高島忠平・藤口健二・七田忠昭：佐賀県吉野ヶ里遺跡の調査
　群馬県埋蔵文化財調査事業団・坂井　隆：群馬県富岡市中高瀬観音山遺跡の調査
　三浦和信・津田芳男・菅谷通保・風間俊人：千葉県茂原市国府関遺跡出土の木製品について
　権現山51号墳発掘調査団（近藤義郎）：兵庫県権現山51号墳発掘の目的と成果
　都出比呂志・石原道洋・福永伸哉：滋賀県八日市市雪野山古墳の調査
　伊藤秋男・市橋芳則：愛知県西春日井郡師勝町能田旭古墳出土の木製品
　岡安光彦：東北地方の群集墳造営年代をめぐる諸問題
　黒崎　直・深澤芳樹：奈良県藤原宮内裏東外郭地域と弥生時代水田の調査
　菅原正明：金剛峯寺真然堂出土の緑釉四足壺
　山本忠尚・岩永省三：山田寺南門跡および奥山・久米寺金堂跡の調査
　篠原豊一・立石堅志：平城京右京三条三坊一坪の調査
　木村浩二：仙台市郡山遺跡における官衙・寺院の調査
　吉岡　哲：「力石」について―大阪府八尾市の類例を中心に―
　新田栄治・井上和人・大貫静夫・横倉雅幸：タイ東北地方南部における集落構造の変遷―スリン県

チュンポンブリ郡ノンヤン遺跡の事例から―
　網干善教・米田文孝・徳田誠志・鐵　英記：祇園精舎の発掘について

　なお，今回委員および会長の改選が行なわれ，新会長に大塚初重明大教授，副会長に甘粕健新潟大教授が選出された。

山梨文化財研究所シンポジウム　山梨文化財研究所（山梨県東八代郡石和町四日市場1566）は4月14日，15日の両日，帝京大学研修ハウスにおいて「考古学と中世史研究―中世考古学及び隣接諸学から―」をテーマにシンポジウムを開催した。基調講演は次の通り。
　橋口定志：中世居館研究の現状と問題点
　小野正敏：中世陶磁器研究の視点と方法―消費地遺跡からみた問題
　市村高男：中世鋳物師研究の視点と方法―房総地方を中心として
　新谷尚紀：民俗学と歴史学―両墓制の問題をめぐって
　千々和到：板碑・石塔の立つ風景
　石井　進：中世史と考古学

　人の動き（順不同，新任分）
秋山進午氏　大手前女子大学教授
木下正史氏　東京学芸大学教授
岡村秀典氏　九州大学助教授
加藤　修氏　女子美術大学助教授
高倉洋彰氏　西南学院大学助教授
土生田純之氏　専修大学講師
三輪嘉六氏　東京国立文化財研究所修復技術部長
本村豪章氏　東京国立博物館考古課課長
安藤孝一氏　東京国立博物館考古課原史室長
鈴木道之助氏　千葉県立上総博物館館長
木村幾多郎氏　大分市歴史資料館館長
西田泰民氏　古代学研究所助手

▰第33号予告▰

特集　古墳時代の日本と中国・朝鮮

1990 年10月 25 日発売
総112頁　　　1,860円

古墳時代の東アジア世界
　　　………岩崎卓也・中山清隆
古墳文化の成立と大陸
　朝鮮における墳丘墓の形成………門田誠一
　中国の墳丘墓と日本の古墳
　　………………王　　巍・茂木雅博
　古墳文化と鮮卑文化……………穴沢咊光
　三角縁神獣鏡の系譜……………交　渉　中
　古墳時代前期の大陸系文物
　　…………………望月幹夫・古谷　毅
　古墳発生期ごろの朝鮮の墓制……木村光一
大陸文化の流入
　伽耶の群集墳……………………松井忠春
　陶質土器と初期須恵器…………酒井清治

日本出土陶質土器の原郷…………定森秀夫
甲冑の諸問題………………………福尾正彦
初期の馬具の系譜…………………中山清隆
日本と朝鮮の鉄と鉄製品…………松井和幸
日本と朝鮮の金工品………………中村潤子
横穴式石室と朝鮮…………………亀田修一
福岡県稲童古墳群の甲冑…………山中英彦
埼玉県将軍山古墳の馬冑…………若松良一
日本と朝鮮の鉄生産………………大澤正己
最近出土のえぞ族長墓副葬品……伊藤玄三
日本と朝鮮の古代政治組織………早川万年

<連載講座>　縄紋時代史　7……林　謙作
<調査報告>　<書評>　<論文展望>ほか

編集室より

◆文化とは何か，といえばさしずめ，いちばん目に触れるのが衣・食・住の変化であろう。そしてそれは，日常的に，意識するしないにかかわらず，つねに付き合ってもいるので，かえって多くの事柄が見落されてきた。この日常的なかかわりに，とくに注意を向けさせた学問のひとつが，何あろう考古学であるように思える。そして民衆はそれにミステリー性とルーツ探索の興味を加える。本号の特集である住居は，日本の環境の特質を表わして，木造の建築である。それは他国と比較してどれほどの差異と特質を示しているであろうか。興味ぶかいことである。　　　　　　（芳賀）

◆前号は弥生の集落をとりあげたが，本号には古代住居の変遷に焦点をあてて特集を組んでみた。最近では建築部材の発見も多くなりこれまで平面的でしかなかったものが立体的な構築物として考えられるようになり，素人目にも具体像が浮んでくるのはありがたい。また，大型住居跡はその性格ともからめてとくに注目されるものだが，最近発見された米沢市の例は43.5mという実に細長い建物で異常さが印象に残った。各論考とも全国の事例を通して述べられたものだけに，古代住居の流れが一瞥できるはずである。　　（宮島）

本号の編集協力者──宮本長二郎（奈良国立文化財研究所 建造物研究室長）

1939 年大阪府生まれ。横浜国立大学大学院修士課程修了。「民家と町並み一近畿」（日本の美術）「平城京」「飛鳥仏教」（図説日本の仏教―奈良仏教）などの著書がある。

工楽善通（奈良国立文化財研究所 集落遺跡研究室長）

1939年兵庫県生まれ，明治大学大学院修士課程修了。「竪穴住居と高床住居」（日本の建築 1）「弥生土器」（日本の原始美術 3）「赤彩紋」（弥生文化の研究 3）などの編著・論文がある。

▰本号の表紙▰
栃木県根古谷台遺跡の大型住居

縄文前期，古墳後期，奈良時代の複合集落遺跡で，細長い低丘陵上に立地する。縄文前期の遺構は中央に広場を設けて，広場の東辺から南辺台地縁辺にかけてL字型に竪穴住居，掘立柱建物，高床式建物が数期にわたって重複する。この遺跡の特徴は側柱（溝状掘形）と入側柱（主柱）をもつ地床式建物の存在で，長方形大型建物に多く，大型竪穴住居も同じ構造をもつ壁立式となる。梁間1間の掘立柱建物で桁行1〜2間の例は高床式の可能性があり，東辺中央部に重複する円形平面の掘立柱建物や棟持柱付き高床建築は祭祀的な建物と思われる。
（写真は宇都宮市教育委員会提供）　　（宮本長二郎）

▶本誌直接購読のご案内◀

『季刊考古学』は一般書店の店頭で販売しております。なるべくお近くの書店で予約購売なさることをおすすめしますが，とくに手に入りにくいときには当社へ直接お申し込み下さい。その場合，1年分の代金（4冊，送料は当社負担）を郵便振替（東京3-1685）または現金書留にて，住所，氏名および『季刊考古学』第何号より第何号までと明記の上当社営業部まで送金下さい。

季刊 考古学　第32号　　1990年8月1日発行
ARCHAEOLOGY QUARTERLY

定価 1,860 円
（本体1,806円）

編集人　芳賀章内
発行人　長坂一雄
印刷所　新日本印刷株式会社
発行所　雄山閣出版株式会社
〒102　東京都千代田区富士見 2-6-9
電話　03-262-3231　振替 東京3-1685

◆本誌記事の無断転載は固くおことわりします
ISBN4-639-00970-4　printed in Japan

季刊 考古学　オンデマンド版　第 32 号 1990 年 7 月 1 日　初版発行
ARCHAEOROGY　QUARTERLY　　　　　　2018 年 6 月 10 日　オンデマンド版発行
　　　　　　　　　　　　　　　　　　　　定価（本体 2,400 円＋税）

　　　　　　編集人　　芳賀章内
　　　　　　発行人　　宮田哲男
　　　　　　印刷所　　石川特殊特急製本株式会社
　　　　　　発行所　　株式会社　雄山閣　http://www.yuzankaku.co.jp
　　　　　　　　　　　〒 102-0071　東京都千代田区富士見 2-6-9
　　　　　　　　　　　電話 03-3262-3231　FAX 03-3262-6938　振替　00130-5-1685

◆本誌記事の無断転載は固くおことわりします　　ISBN 978-4-639-13032-1　Printed in Japan

初期バックナンバー、待望の復刻 !!
季刊 考古学 OD　創刊号〜第 50 号〈第一期〉
全 50 冊セット定価（本体 120,000 円＋税）　セット ISBN：978-4-639-10532-9
各巻分売可　各巻定価（本体 2,400 円＋税）

号　数	刊行年	特　集　名	編　　者	ISBN（978-4-639-）
創 刊 号	1982 年 10 月	縄文人は何を食べたか	渡辺 誠	13001-7
第 2 号	1983 年 1 月	神々と仏を考古学する	坂詰 秀一	13002-4
第 3 号	1983 年 4 月	古墳の謎を解剖する	大塚 初重	13003-1
第 4 号	1983 年 7 月	日本旧石器人の生活と技術	加藤 晋平	13004-8
第 5 号	1983 年 10 月	装身の考古学	町田 章・春成 秀爾	13005-5
第 6 号	1984 年 1 月	邪馬台国を考古学する	西谷 正	13006-2
第 7 号	1984 年 4 月	縄文人のムラとくらし	林 謙作	13007-9
第 8 号	1984 年 7 月	古代日本の鉄を科学する	佐々木 稔	13008-6
第 9 号	1984 年 10 月	墳墓の形態とその思想	坂詰 秀一	13009-3
第 10 号	1985 年 1 月	古墳の編年を総括する	石野 博信	13010-9
第 11 号	1985 年 4 月	動物の骨が語る世界	金子 浩昌	13011-6
第 12 号	1985 年 7 月	縄文時代のものと文化の交流	戸沢 充則	13012-3
第 13 号	1985 年 10 月	江戸時代を掘る	加藤 晋平・古泉 弘	13013-0
第 14 号	1986 年 1 月	弥生人は何を食べたか	甲元 真之	13014-7
第 15 号	1986 年 4 月	日本海をめぐる環境と考古学	安田 喜憲	13015-4
第 16 号	1986 年 7 月	古墳時代の社会と変革	岩崎 卓也	13016-1
第 17 号	1986 年 10 月	縄文土器の編年	小林 達雄	13017-8
第 18 号	1987 年 1 月	考古学と出土文字	坂詰 秀一	13018-5
第 19 号	1987 年 4 月	弥生土器は語る	工楽 善通	13019-2
第 20 号	1987 年 7 月	埴輪をめぐる古墳社会	水野 正好	13020-8
第 21 号	1987 年 10 月	縄文文化の地域性	林 謙作	13021-5
第 22 号	1988 年 1 月	古代の都城—飛鳥から平安京まで	町田 章	13022-2
第 23 号	1988 年 4 月	縄文と弥生を比較する	乙益 重隆	13023-9
第 24 号	1988 年 7 月	土器からよむ古墳社会	中村 浩・望月 幹夫	13024-6
第 25 号	1988 年 10 月	縄文・弥生の漁撈文化	渡辺 誠	13025-3
第 26 号	1989 年 1 月	戦国考古学のイメージ	坂詰 秀一	13026-0
第 27 号	1989 年 4 月	青銅器と弥生社会	西谷 正	13027-7
第 28 号	1989 年 7 月	古墳には何が副葬されたか	泉森 晈	13028-4
第 29 号	1989 年 10 月	旧石器時代の東アジアと日本	加藤 晋平	13029-1
第 30 号	1990 年 1 月	縄文土偶の世界	小林 達雄	13030-7
第 31 号	1990 年 4 月	環濠集落とクニのおこり	原口 正三	13031-4
第 32 号	1990 年 7 月	古代の住居—縄文から古墳へ	宮本 長二郎・工楽 善通	13032-1
第 33 号	1990 年 10 月	古墳時代の日本と中国・朝鮮	岩崎 卓也・中山 清隆	13033-8
第 34 号	1991 年 1 月	古代仏教の考古学	坂詰 秀一・森 郁夫	13034-5
第 35 号	1991 年 4 月	石器と人類の歴史	戸沢 充則	13035-2
第 36 号	1991 年 7 月	古代の豪族居館	小笠原 好彦・阿部 義平	13036-9
第 37 号	1991 年 10 月	稲作農耕と弥生文化	工楽 善通	13037-6
第 38 号	1992 年 1 月	アジアのなかの縄文文化	西谷 正・木村 幾多郎	13038-3
第 39 号	1992 年 4 月	中世を考古学する	坂詰 秀一	13039-0
第 40 号	1992 年 7 月	古墳の形の謎を解く	石野 博信	13040-6
第 41 号	1992 年 10 月	貝塚が語る縄文文化	岡村 道雄	13041-3
第 42 号	1993 年 1 月	須恵器の編年とその時代	中村 浩	13042-0
第 43 号	1993 年 4 月	鏡の語る古代史	高倉 洋彰・車崎 正彦	13043-7
第 44 号	1993 年 7 月	縄文時代の家と集落	小林 達雄	13044-4
第 45 号	1993 年 10 月	横穴式石室の世界	河上 邦彦	13045-1
第 46 号	1994 年 1 月	古代の道と考古学	木下 良・坂詰 秀一	13046-8
第 47 号	1994 年 4 月	先史時代の木工文化	工楽 善通・黒崎 直	13047-5
第 48 号	1994 年 7 月	縄文社会と土器	小林 達雄	13048-2
第 49 号	1994 年 10 月	平安京跡発掘	江谷 寛・坂詰 秀一	13049-9
第 50 号	1995 年 1 月	縄文時代の新展開	渡辺 誠	13050-5

※「季刊 考古学 OD」は初版を底本とし、広告頁のみを除いてその他は原本そのままに復刻しております。初版との内容の差違は
　ございません。
　「季刊 考古学　OD」は全国の一般書店にて販売しております。なるべくお近くの書店でご注文なさることをおすすめしますが、とくに手に入り
にくいときには当社へ直接お申込みください。